部分合作客户（排名部分先后）

中粮屯河番茄有限公司
北京安德鲁水果食品有限公司
广东美味鲜调味食品有限公司
荷美尔食品公司
中椒英潮辣业发展有限公司
安记食品股份有限公司
广州味可美食品有限公司
金菜地食品股份有限公司
亨氏
海天味业
李锦记集团
东古调味食品有限公司
四川麻辣空间餐饮管理有限公司
山东飞达集团有限公司
山东鼎味食品有限公司
河北保定槐茂有限公司......

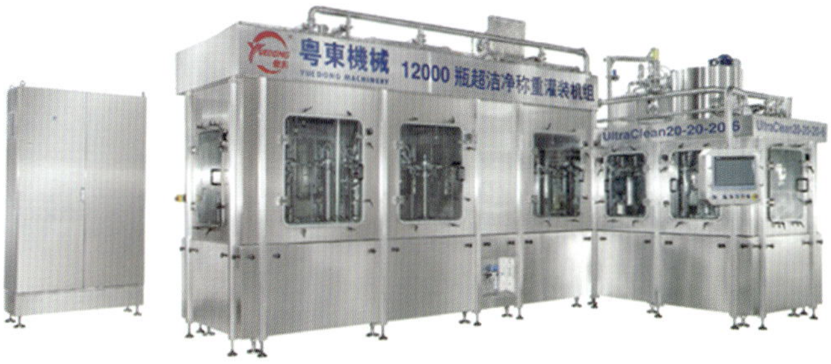

瓶装灌装封口旋盖系列

塑料连杯成型封切系列

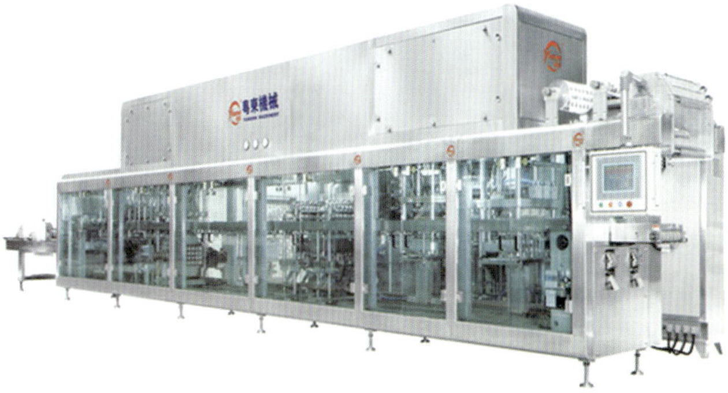

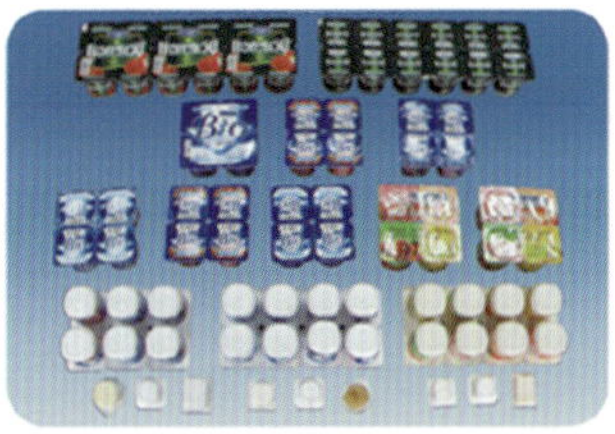

网站：www. yuedong. cn
电话：0754−88107766
0754−88107777

2020全国调味品行业蓝皮书

斯波　著

中国纺织出版社有限公司 | 国家一级出版社
全国百佳图书出版单位

内 容 提 要

《2020 年全国调味品行业蓝皮书》依据消费实际状况得出中国调味品消费概况、中国调味品复购趋势、中国调味品健康趋势、中国调味品动销新亮点、中国调味品精准销售等内容，针对调味品销售中存在的问题提供解决思路，为调味品数字销售时代的来临做好充分准备。

本书对调味品企业从业人员有很好的启发和参考价值。

图书在版编目（CIP）数据

2020 全国调味品行业蓝皮书 / 斯波著. -- 北京 : 中国纺织出版社有限公司，2020. 5

ISBN 978－7－5180－7349－8

Ⅰ. ①2… Ⅱ. ①斯… Ⅲ. ①调味品—食品工业—研究报告—中国—2020 Ⅳ. ①F426. 82

中国版本图书馆 CIP 数据核字(2020)第 068715 号

责任编辑:闫　婷　　　责任校对:王蕙莹
责任印制:王艳丽　　　责任设计:品欣排版

中国纺织出版社有限公司出版发行
地址:北京市朝阳区百子湾东里 A407 号楼　邮政编码:100124
销售电话:010—67004422　传真:010—87155801
http://www. c-textilep. com
中国纺织出版社天猫旗舰店
官方微博 http://weibo. com/2119887771
北京玺诚印务有限公司印刷　各地新华书店经销
2020 年 5 月第 1 版第 1 次印刷
开本:889 × 1194　1/16　印张:3. 75　插页:4
字数:72 千字　定价:100. 00 元
京朝工商广字第 8172 号

著作组成员名单

斯波 钟定江 张敏 孙著书 施建平 唐春红 李岳云 赵辉 陈超 胡静
赵根修 孙勇 刘元福 李德建 田其明 崔利新 杨金平 杨姣平 许朝辉 吴庆元
于海涛 刘飞 黄德高 王一平 陈爱民 韩锦友 唐杰 杨四春 陈光友 罗红梅
李磊 张彦 朱俊松 王德斌 崔健 江新业 刘钟栋 马世玲 冯远 姜晓东
顾志国 吕翠平 张建平 马福平 刘晏 余春明 李建华 卢治乾 杨玲 刘勇
刘元涛 王吉飞 胡四新 张国相 何爱娥 杨俊 俞春山 李平 庞学伟 牛学敏
王志朋 冯建明 徐浩 郭文军 李耀 贺亚恒 李文辉 王靖 杨彬 廖运兵
陈山信 朱勇 路雨亮 潘龑 钟树文 白德华 张涛 葛海林 杨华 陈辉
邹勇 李建 张俊 吕江华 沈刚

题　字

《2016 全国调味品行业蓝皮书》全复合调味，配置不破坏主体风味，是中国五味传统文化融合为世界新时代，中国味道老百姓使用方便，一次就行，安全、健康、美味可以做到千家万户，这事对得起老祖宗，也忘不了老祖宗的调味。

中国微生物学会酿造分会原秘书长　顾甘泉

全国调味品蓝皮书　推动调味品行业发展

世界辣椒联盟执行主席、国际火锅产业联盟主席、
中国饭店协会火锅专业委员会会长、
重庆德庄实业(集团)有限公司董事长　李德建　2016.3.23

复合调味品在中国市场已经一路欢畅地走过了 15 年，每年成长速度均在两位数以上，如果说复合调味品家庭用是因为做不出专业厨师那种口味和口感，或者是节约时间，那么，专业厨师是出于什么原因使用复合调味品的呢？只有搞清楚这些问题，我们才可能策划出畅销的产品，我们看看厨师是怎么想的。

著名调味品营销专家、《调味品营销第一书》作者　陈小龙

讲真话，见真章，真实用，文字如手把手教，够直奔主题是很多食品人的工作手册，工艺文件，成才助手，创业支撑，这就是最受欢迎的原因，经常脱销的所在是您用大爱之心奉献社会的赤诚之心的表达。奋斗的路你永远是我的老师，学习的榜样。永葆青春，永存善念，无私奉献，大家楷模，永远奋进

青岛东龙汇丰食品有限公司董事长　严士亮　2018.3.22 成都

全国调味品行业蓝皮书：服务行业 实现双赢

四川省川联川菜调料商会会长、
四川友联味业有限公司董事长　刘元福　2016.3.23

乐于奉献　光彩人生！

唐河县华晟辣业食品有限公司总经理、
唐河县新农辣椒专业合作社理事长
辣椒产业功勋前辈　贾群成　2016.3.25

全国调味品行业蓝皮书:引领行业发展,务实,落地,助推调味品转型升级,功在当代,利在千秋!

北京仙豪食品科技有限公司董事长、
餐饮业国家一级评委、高级工程师、
高级烹饪师　张彦　2016.3.23

蓝皮书是中国调味品行业的福音!

全国糖酒会办公室主任　古平　2016.3.23

《全国调味品行业蓝皮书》成为中国调味品产业发展的风向标

四川高福记食品有限公司　高银江

《全国调味品行业蓝皮书》引领调味行业驰向蓝海!

四川省川联川菜调料商会秘书长、《中国川调》杂志主编　刘君贵

调味品行业蓝皮书引领行业发展新趋势
海科为调味品行业的未来而来

成都海科机械设备制造有限公司董事长　郑友林

祝《全国调味品行业蓝皮书》越办越好! 服务好调味品行业!

新疆笑厨食品有限公司　王勇辉　2016.3.24

读全国调味品行业蓝皮书有感:
舌尖上的领头羊,中国调味品蓝皮书第一人

江西倍得力生物工程有限公司总工程师　汪后宏

蓝皮书内容很丰富,综合性很强,是一本调味品企业指导用书,让大家很清晰的了解调味品的市场方向,很好,支持!

望都县汇达食品有限公司总经理　马高兴　2016.3.25

调味品蓝皮书引领行业发展
湖北武汉市大唐香米业有限公司为调味品加油而来

唐杰　2016.3.23

感谢蓝皮书给行业带来的真实记录,愿我们共同快乐成长

江苏千米网络科技股份有限公司 CEO 石正川　2017.3.22

蓝皮书促进行业健康发展

云南卓一食品有限公司营销总监　谢长青

蓝皮书引领全国调味品行业走向高端品质

山东味正品康食品科技有限公司总经理　于海涛

高温杀菌新工艺把食品安全做好，与蓝皮书共同发展，走向世界，把食品安全做好。

山东诸城耀盛机械有限公司董事长、著名高温杀菌专家　孙著书

独具视角话行业，精准服务为企业，年轻时尚亦引领，传承中国好味道。

中国食品工业协会品牌专业委员会　广晋川　2018.3.24

是行业的导师，调味品行业健康发展的指路标。每天奔波在传递美味的正能量的路上，我们调味品人每天都在做着功德无量的事业，为千家万户送去美味，将美味进行到底，这是我们恋味的使命，也是我们整个世界的使命。书中自有黄金屋，书中自有颜如玉，书中还有美味传天下。作者辛勤付出，传播正能量，为人类的好口福，是传递美味的美味使者。

郑州恋味实业有限公司董事长　赵根修　2018.3.19

祝贺函

尊敬的《2019 全国调味品行业蓝皮书》发布会组委会：

由斯波先生主编的《2019 全国调味品行业蓝皮书》将于 2019 年 3 月 20 日正式对外发布。《中国调味品》杂志祝此次发布会取得圆满成功！并祝各位参会嘉宾事业顺意！

《2019 全国调味品行业蓝皮书》对“中国调味品发展趋势”、“中国调味品消费”、“销售与复购”、“调味与复合”等多方面内容进行了详细的阐述，该书以全新内容、精准视角，结合当下调味品企业面临的机遇与挑战，困惑与迷茫以及未来的创新发展思路有针对性的提出了观点和建议，希望能对调味品行业的发展提供有益的帮助。《中国调味品》杂志作为创刊 43 年的科技期刊同时致力于为调味品行业的发展提供技术支持和平台推广。

再次祝贺发布会取得圆满成功！祝各位嘉宾身体健康！

《中国调味品》杂志社

二〇一九年三月十日

前　言

自2016年以来，“全国调味品行业蓝皮书”系列图书著作组成员不断深入调查调味品消费情况，《2020年全国调味品行业蓝皮书》依据消费实际状况得出中国调味品消费概况、中国调味品复购趋势、中国调味品健康趋势、中国调味品动销新亮点、中国调味品精准销售等内容，针对调味品销售中存在的问题提供解决思路，为调味品数字销售时代的来临做好充分准备。

未来，调味品数字化销售的趋势会更加明显，销售过程更加高效。我们已经迎来了满足人们身体健康需求的新调味品时代，我们将面对具有更多不确定性的数字化时代，利用丰富的数据来实现调味品的研发、生产、销售、消费等多方面共享共创的趋势。蓝皮书著作组成员每年连续不断分析消费商的变化趋势，给调味品企业生产提供了方向性支撑，让调味品企业找到发展的空间和目标。从调味品复购的特点和趋势可以看出，调味品销售更加全球化，也让中国调味品更加适应人们丰富的日常生活的变化。大量的数据证明，“全国调味品行业蓝皮书”系列图书有助于对整个调味品产业发展的预判，这是当下唯一的原著创造引导调味品销售的事实，引导调味品的发展趋势，带来健康调味品发展的必然结果。

调味品企业发展存在诸多困难，调味品行业原创书籍极少，能解决实际问题的就更加少，这就需要我们更加努力做好这本具有指导性的读物。调味品人每年都可以从行业蓝皮书中找到调味品行业的发展规律，找到问题的解决方法，《2016全国调味品行业蓝皮书》首次提出全复合调味品，今天我们也能看出，全复合调味品的趋势非常明显。《2019全国调味品行业蓝皮书》首次提出复购，这为越来越多调味品人解决问题提供了方向和措施 。消费商、辣味食品企业等更是围绕“全国调味品行业蓝皮书”系列图书不断与时俱进，通过实践得出更多实际典范，服务好调味美好生活。

随着调味品消费的发展，消费数据更加透明、高效，“全国调味品行业蓝皮书”系列图书引导性更加明显，让我们期待更多标志性的原创原著读物的出现，共同为解决调味品行业困难一起努力。

斯波

2020年2月28日于成都

目 录

第一章　中国调味品消费

一、中国调味品消费概况

1. 中国调味品消费的表现

(1)消费群体多样化,出现了更多调味品种类以及新型消费渠道。

(2)出现替代性消费,目前,有的调味品消费是代替原来使用的调味品,缩小了消费需求,满足了更多重复性消费。

(3)消费需求带动调味品生产,调味品生产需要根据消费者的消费能力或者消费理念作出适应性变化。

(4)消费信息及时达,大中小型城市调味品信息一致化。

(5)消费人群具有针对性,调味品选对消费人群,才能得到消费者的认可。

(6)提高调味品消费者的消费体验感,降低调味品生产的成本,提高生产企业的规模化管理水平,提高调味品的性价比,扩大调味品企业效益。

(7)调味品消费迭代升级,生产企业根据消费的细节不断进行重复反馈,做好迭代的服务,不断满足消费者需求,实现消费增长。

(8)调味品消费服务升级,调味品消费形式呈现多样化,线上线下销售形式形成互补,扩大消费。

2. 中国调味品示范消费圈

调味品的价值在于共享,单独的调味品无法满足所有的或大多数消费者的需求。因此,中国的调味品生产企业正在不断升级调味品消费服务,建立调味品的示范消费圈,消费者被圈层化和标签化,从而带动调味品消费,从而实现重复消费得到,不断扩大消费圈。

3. 消费者对中国调味品的信任度

消费者对调味品的信任度就是指其对调味品的认可程度。消费信任来源于对调味的记忆,这是产生消费认可的根本,也是美味的形成价值,这种记忆不断渗透和发展,就会产生消费者的复购,也决定了调味品的市场价格定位。多渠道创新消费也能提高消费信任度,通过升级服务增加调味品价值,从而进一步增加消费者的体验感。

二、中国调味品消费需求的形成

1. 中国调味品味道的创新

消费者在消费调味品后会对其味道产生记忆,这种记忆决定了消费者是否重复购买。因此,不断创新调味品的味道,生产能够在消费者记忆中根深蒂固的调味品,才能不断满足消费需求,实现消费的重复。例如,复合香辛料、火锅底料、麻辣香锅等独特的风味,已经成为味觉的记忆,这也是中国调味品的先天优势。此外,新品牌的产生也是源于此,消费需求的细化促使越来越多的调味品出现在市场中,如螺蛳粉调味品、胡辣汤调味品等。

2. 餐饮需求带动调味品消费需求

餐饮需求在中国调味品消费中具有主导作用。餐饮的消费状况决定调味品的发展，餐饮行业决定调味品的未来。中国调味品有很多“潜力股”，很多特色调味品有待挖掘，也将会形成过多的创新品牌。调味品行业出现的新型人才也不断争取将调味品价值做到极致，这是调味品行业巨大的隐形财富。

三、中国调味品消费变化

1. 中国调味品消费内容变化

随着社会的发展，餐饮行业和家庭的需求也不断发生着改变，调味品消费的内容也发生了改变：

（1）调味品从传统消费转化成为新兴消费，消费方式和消费周期等发生了改变，调味品消费方式从店面消费转变成为线上线下结合的消费，从单一的采购消费转变成体验式消费，使消费更加便捷，呈现动态化趋势。

（2）调味品从没有规则的消费转变成为信用消费，保证了调味品行业的持续发展。

（3）调味品从大众的爆品消费转变成为小众化精准消费，消费更加高效。

（4）调味品从层层人工消费转变成为数据化、智能化消费，形成了互联、物联、数据联、定制联的消费结构。

（5）大中小型城市之间的调味品消费差距不断缩小，从整体上看，调味品消费更加理性、成熟，更加贴近人们的日常生活。

（6）餐饮行业对调味品的复购更加明显，主要是连锁餐饮的定制化消费，而家庭消费的稳定性决定了复购的程度。

（7）调味品消费人群也会根据需求发生变化，调味品从单品、精品、爆品发展成为快速迭代的复合调味品，致使消费方式和消费人群不断变化，出现了多种方式相结合的复合销售方式，利用多个新型平台和传统销售渠道相结合，实现调味品销售的扩增。

调味品消费的内容不断变化，但是调味品的高标准化的生产趋势不会改变，中国调味品的发展一定要以不断提高质量为主线，同时改善调味品消费环境，激发调味品市场的活力，提高消费者的消费能力，实现调味品行业的持续发展。

2. 中国调味品消费趋势变化

中国的消费结构发生变化，调味品也应该做出一定改变，调味品企业应该把握调味品消费趋势变化，做出优秀的调味品。

（1）消费者愿意支付更高价格来消费天然有机生态调味品。

（2）调味品有效供给增加，高品质调味品需求旺盛，调味品生产转型升级就显得尤为重要，调味品的安全质量特性要不断提升。调味品生产的资源利用率也有待提高，绿色化环保生产是调味品产业的重要出路之一。

3. 中国调味品消费体验变化

调味品消费者的消费体验非常关键，消费者的体验感就相当于“会说话”的调味品，从体验感中提炼出消费需求，以此对调味品生产做出调整，增加调味品的消费价值，扩大消费。

(1)消费者体验越来越场景化,提高了消费者的参与度,消费者的感知更加明显,进而提高了调味品的消费价值。

(2)消费者的体验感更加细化,选择更加广泛,对调味品的了解更加深入,满足了消费者的深度需求,使调味品从激烈竞争中可以脱颖而出。

(3)消费者体验场景变化越来越多,动态性加强,满足了消费者对消费场景的多种需求,增加了消费机会,进而提高了消费频率。

四、中国调味品消费升级

1. 中国调味品消费升级特点

(1)调味品消费更加理性,产品品质、价格、服务成为重复消费的判断标准。

(2)传统销售方式减少,消费更加隐形化。

(3)消费需求热点与调味品生产以及销售相结合,使调味品更加健康、安全、质优,也更加具有个性化和多元化特征。

(4)消费体验和服务升级,消费价值提高。

(5)消费者对调味品的品质和口味要求不断升级,调味品生产方法不断升级才能满足消费需求。

(6)调味品协调消费升级,调味的存在和发展是合理的,消费者对调味品的选择是残酷的,认可率较低的调味品将会被淘汰。

2. 消费升级带动人均消费

消费升级让人均消费发生很大变化。

(1)调味的标准化是餐饮发展的主要特点,例如,串串香的标准化调味既满足了消费需求,也实现了开店门槛低的特点,其加盟消费的模式也是品牌快速增长的原因之一。

(2)小型餐饮行业调味发展的一大特点就是城市之间的差距在缩小,很多城市的小吃价位差别并不大,造成消费的差距在缩小,餐饮的效益就有很大的增值空间,但目前小型餐饮的调味品标准化还不够,还有很大的发展空间。

2019 年中国小吃消费现状如表 1－1 所示,人均消费价格集中在 16～30 元,消费者的需求和小吃的特点还存在一定区别,未来调味品行业可以对调味品的使用与消费做出一定调整,便于更好使用调味品,带来更多消费。

表 1－1　2019 年中国小吃消费现状

人均价格(元)	一线城市(%)	新一线城市(%)	二线城市(%)	三线城市(%)	四线城市(%)	新城镇(%)	综合(%)
10 以下	6.4	7.1	22.8	21..8	26.5	21.3	17.65
16－30	28.5	32.2	34.1	35	34.8	38.1	33.78
31－45	26.3	28	26.3	24.1	21.9	22.2	24.8
46－60	20.6	21.5	10.1	9.2	10.5	9.8	13.62
60 以上	18.2	11.2	6.7	9.9	6.3	8.6	10.15

(3)新型的宣传方式如短视频,增加调味品的渗透性进而增加了消费的流量,带动了直接效益。

(4)调味品的规模化生产、扁平化消费渠道,使食材的品质、安全性能得到一定保证且成本可控,进而实现了消费的长期稳定发展。

(5)消费的具体化、数据化推进,是调味品升值的关键点。

五、中国调味品消费商

1. 调味品消费商越来越影响调味品价值

调味品消费商不断升级消费,满足和解决多余的社会资源,这是调味品销售良性发展的必然趋势。消费升级的最好做法是让消费者吃得明明白白,公开调味品生产的细节,消费更加透明,这就是消费商价值的最大化体现。

2. 调味品消费商普及化

自购调味品分享省钱、赚钱的消费商不断创新消费宣传模式。越来越多的新型消费商出现,消费促进创业,这是调味品调味价值最大化的发展趋势。调味品消费带来企业利润和社会财富的增加,消费者从单独购买到一起销售调味品的行为成为调味品销售的新趋势。消费者参与调味品销售后产生的利润,追加调味品的投资,迅速在消费圈推开获得更多调味价值。消费者因为赚到更多的利润,自动参与到调味品的推广中,带来更多的价值。短视频等新兴宣传方式的出现也给了调味品更多的机会,消费商通过直播等形式进行传播,带来更多财富。消费商的利润分配更加自由和谐,这也是越来越多的消费者自动参与其中的原因之一。零风险的调味品消费商,通过消费形成自主管理的模式。消费商促进了调味品行业直接分配利润、高效销售的发展趋势。

3. 调味品消费商赋能价值化

调味品消费商赋予了调味品的更多价值。消费赋能才是消费商的新动态。调味品消费商一直存在,只是企业的重视程度和利用方式不一样,未来会出现越来越直接高效的利用方式。消费商和调味品形成的利益是相互的,稳定而且便于增加消费。每个消费调味品的人都可以成为消费商。消费商是调味品标准化趋势的必然结果,能带动更多连锁和定制化的调味品。

六、中国调味品的创新

调味品多方面创新,实现调味品的需求多元化,消费实际化。

(1)敢于对消费需求进行创新,实现消费创新调味的现实,瞄准消费趋势实现调味品的生产,坚持不断完善创新,为消费创造一切条件。

(2)调味品能满足消费需求才是好的调味品,对调味品的品类和品质进行创新,抓住消费调味品的机会,实现调味品满足消费的体验,形成调味品的长期价值。

企业根据消费进行高品质的调味品开发,不断推出具有特色的调味品,创造新的样板市场,普及开拓新消费,提高消费的认可率。高品质消费树立良好的品牌形象,带来更多的增值空间,精耕细作才能得到消费的重复,增强消费的信心。调味品本身就是活广告,消费者得到的记忆就是最好的卖点,在消费者心中自然就有形象,实现更加强大的竞争力。调味品的消费宣传也更加立体,成本更低、效益更高,私人订制调味品的需求倍增。

七、中国调味品消费赋能

1. 拼购调味品销售模式

拼购是调味品销售的热潮，带来消费成倍增长。

(1)消费调味品的价格不断升高，拼购消费的新出现给消费更大的价值，驱动消费合理化竞争加剧，更加体现出调味品本身的价值和地位。

(2)拼购调味品实际上是消费的直接需求造成的，根据消费者的直接消费激活消费者的购买力，抢占消费的敏感价格中低收入人群，精准聚焦四线以下的城镇和农村，利用价格因素抢占消费市场。

(3)“农村包围城市”的新做法使消费调味品的新商业价值得到实现，提高消费认可是关键。

2. 个性化调味品消费赋能

让调味产生更多的价值，我们把这样的价值叫消费赋能。

(1)调味品消费的个性化崛起，充分满足消费的升级需求，消费调味的尝新比例较高，91.2%的消费者愿意尝试新的调味食品，这就给调味品创新带来意想不到的收获。

(2)消费调味品趋于天然原始、安全健康、调味追溯可视化的具体需求得到实现，消费者才会愿意支付更高的价格。

(3)调味食品在城市实现 2 小时甚至 30 分钟送达的快速服务，及时满足消费需求，赋予了调味品更多的价值。

八、中国调味品地区消费

各地区调味品差别较小，调味品更需要具有地方特色的产品，特色调味品才有优势，据调查，有 69.56% 的消费者更乐意采购本地特色调味品来满足自己的消费。

(1)多个地区不存在非常大的区别，消费者认可的价格和选择调味品的内容偏向相似。

(2)调味品的消费因素不断改变，满足个性化的调味仍然是主要商业机遇。

(3)三四线城市的消费不断渗透连锁餐饮发展，消费力度接近一线城市，给调味品标准化生产带来更多的定制化、复合化动力，这成为调味品发展的新亮点。

(4)电商、物流的发展促进调味品发展，冷链物流保障冷鲜的调味品，快速满足新消费。

九、中国调味品消费新热点

调味品新消费的热点就是销售的最佳优势。

(1)大品牌调味品保持强势，新品牌不断崛起，重口味调味品流行，消费需求的数据更加精细。

(2)麻辣调味品越来越畅销。

(3)川菜调味品越来越流行，湘菜调味品和黔菜调味品也在进步，多元化消费现实促成多种组合的消费场景，让调味动起来是必然趋势。

(4)环保低碳品牌调味品的消费不断扩大，品牌形象建立、社会责任的体现成为调味品消费的主旋律。

(5)消费者愿意以更高的价格来满足自身的真实需求。

（6）多种食材结合生产，从味道和营养上进行创新搭配。

（7）店面销售持续整合，调味品的消费更加精准化，销售更加数据化，更加满足消费需要。

（8）调味品的全复合化增长明显，更加方便，消费更加便捷，餐饮使用更加高效，综合成本更低，利润增加更为明显。

（9）小包装调味品热销不断，尤其是一人一份、一次一份的调味品成为消费品率最高，消费者认可最为直接的复购元素。

（10）调味品产销重构，消费为主导。多元化消费不断呈现，新消费产生越来越多的购买力。

（11）高品质的消费需求是解决社会矛盾的一个重要方面，安全健康美味的调味品，人人都需要，不再在意价格，而是由味道的引领。

（12）能够推向全世界的特色调味品是一大优势，市场的潜力巨大。

十、中国调味品消费困境和出路

（1）调味品面对的环境困难：过时思维困扰调味品销售，调味品原有的模式失效，难以得到订单。

（2）调味品技术困境：传统调味品进入市场往往会遇到规模化、标准化生产的困难。

（3）调味品的销售模式困境：调味品过时的销售模式无法跟上消费环境的快速改变，很难产生效果。

（4）调味品未来出路：强化消费调味品的引领作用，开拓调味品转化成为菜品的能力，带来能够重复消费的味道需求。

第二章　中国调味品复购

调味品复购率用来评价调味品被消费的程度，即调味品重复消费的频率，也是调味品消费数据化体现的指标。复购率有两种算法：一种是所有购买过产品的顾客，以每个人为独立单位，重复购买产品的次数；另一种是单位时间内，重复购买的总次数占比。

一、调味品复购步骤

我们把复购调味品的主要步骤总结为：

1. 获取调味品复购消费者

首先是获取调味品的消费者，这才是调味品复购的前提，消费者和消费群体才是根本，获取越来越多的消费者，为调味品复购带来更多消费。通过社交工具等精准投放消费调味品信息，精准定位到消费群体，满足消费的个性化需求，获取高效、独立、稳定的调味品消费者。

2. 调味品转化成消费价值

调味品转化成消费的价值，为调味品重复消费提供条件。

(1) 实现调味品的功能一目了然，可以直接呈现调味品所加工的产品，还可以直接生成便于传播的裂变模式，让消费采购的同时也可以售卖，大大提高调味品的裂变速度和效率。

(2) 订单管理即时化，带来高效、便捷的服务。

(3) 对形成消费价值的调味品的数据进行科学管理，完成交易的升级服务，带来新的消费价值，实现复购率的提高。

3. 裂变消费成就复购调味品

单一的消费是有限的，数量不断增加的裂变才是创造复购调味品的条件。消费的裂变是需要一定条件，也只有裂变才能带来更多的消费和品牌影响力。

"拼团"是导致裂变的因素之一，也是产生关系带动消费调味品的因素之一。在以文章、视频、海报等多种社交软件上分享调味，使其裂变成为更多的现实消费。

"砍价"类似拼团，砍价是新消费的一大特点，调味品的价值更加外延，裂变更加充分，这是具有代表性的裂变产生复购的方式。

社群裂变，将简单的复购作为群体来服务，增加潜在性的群体消费。

4. 有效提升调味品复购率

调味品复购率提高是销售良好的前提，调味品复购率的高低决定调味品本身的价值和消费趋势。

对复购调味品的全过程进行管理，这个管理必须数据化。建立复购的等级管理，不同等级获得的服务不一样，区别对待不同复购级别的消费，产生不同的分级调味价值。升级复购可以产生额外价值，更加满足消费需求。

复购价值透明化，关于复购的温馨提示、奖励制度，让消费者一目了然，消费者乐于参加这样的消费，让调味品消费者受到尊重，得到额外的喜悦。

将调味品稳定消费者转化成为消费商，带来额外的利润和消费体验，创造更多额外价值，也可以通过会员模式精准提升复购。

二、中国调味品复购概况

复购率源于精准消费，复购是调味品生存和持续发展的试金石，也是调味品销售最佳数据化的体现，更是调味品调味价值的体现。调味品具有能够通过味道自动吸引消费者、形成流量的优势。具有良好消费体验的消费者重复下单的比例高，调味品线上消费远比到店面采购更加直接高效，大大提高了调味品消费的精准服务，催生更加精准的体验。店面体验诞生更多新的复购消费服务、新的复购消费品类，实现了调味价值的不断创新，让消费者乐于重复消费。

三、中国调味品复购率相关指数

调味品行业的相关衡量指标很多，了解调味品销售和效益状况是不断满足消费者需求的必要条件。

1. 调味品覆盖率

通过对市场上的同类调味品进行整体分析，调味品的覆盖率决定了消费者选择调味品的机会大小。调味品覆盖率高，消费者选择的机会高。随着信息的透明度提高，调味品覆盖率的作用也在弱化，而且铺市不等于消费，铺市和消费之间具有很大的空间和机会，铺市不一定实现重复购买。

2. 调味品的渗透率

调味品的渗透率变化极快，在不同的领域表现不一样，渗透率数据差别大，若渗透率不在同一个等级，则不具有非常明显的判断作用。

3. 中国调味品全球化

调味品成本增加、价格上涨，消费中的价格因素敏感度下降，消费需求结构凸显升级，调味品行业发展更加良性，这就是调味品全球化发展的必然趋势。全球化是未来调味品的必然方向。

4. 中国调味品价值链

调味品销售的动力来源于调味品的价值链，分销平台、分销节点、调味品消费商对毛利的分配促使着销售的进行，发现调味品价值链（图 2 – 1）、兴趣消费调味品（图 2 – 2）、购买调味品（图 2 – 3）形成消费调味品的前提，消费的更多内容形成丰富的多元化数据。数据化销售可以更加精准地满足调味品需求，可以实现比传统销售更高的消费转化效率。数据化销售可以更加精准地满足调味品需求，可以实现比传统销售更高的消费转化效率。

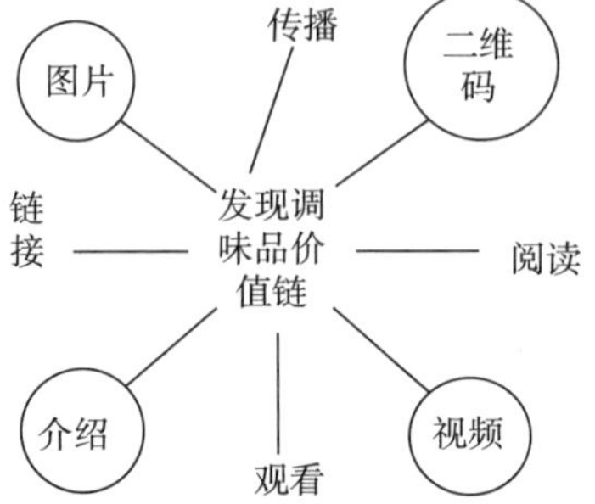

图 2 – 1　发现调味品价值链

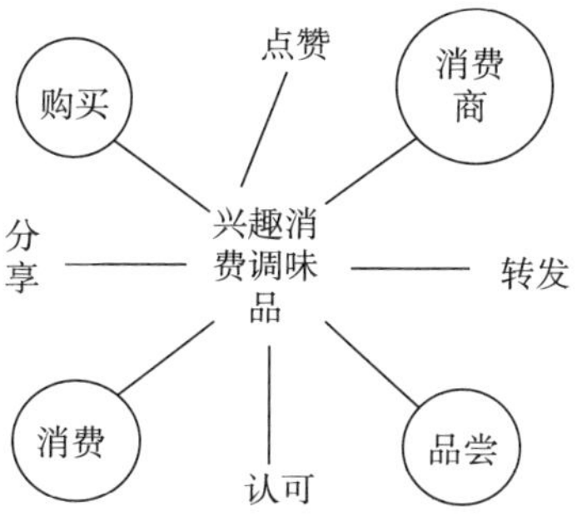

图 2-2　兴趣消费调味品

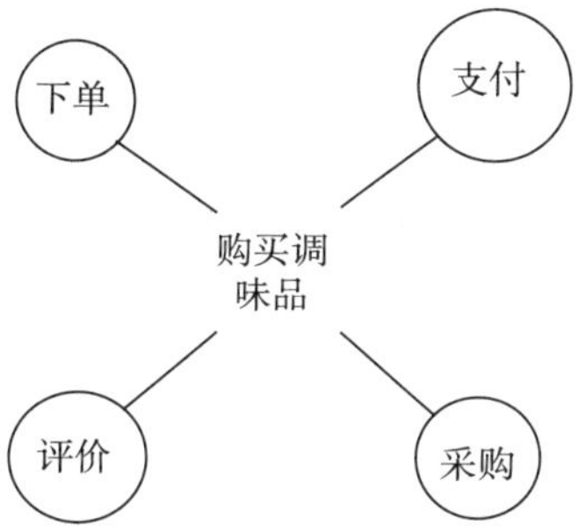

图 2-3　购买调味品

5. 中国调味品分销节点

调味品的分销节点是调味动起来的亮点，调味品消费者出现主动选择的需求，这才是调味品销售的突破点，一个消费的节点带动整个品牌的调味品销售，重复消费的特点明显。调味品分销节点就是通过个人分享带动调味品交易，形成了分销、拼购、消费体验三种新的调味品销售方式。

四、中国调味品增长

1. 中国调味品增长特点

调味品出现增长的特点就是品质提高、产值增长，生产量和销售数量下降，这种趋势越来越明显。

(1)随着调味品品牌价值增长，调味品提质减量趋势明显，因为消费信息的快速到达，消费更加透明化，品牌影响力弱化。

(2)中国调味品整体的量变更加理性化，利润分配的优势不再明显，爆品的想法难以得到持续，消费的变革在于消费的重复体现，渠道为王的原则淡化，消费的体验不太明晰，部分消费的合理化未得到体现，消费增长点难以形成，造成品牌的影响力下降。

(3)好的调味品才有增长，生产消费者需要的调味品，才是好调味品增长的原因。

(4)调味精致化，调味品的价值更加丰富，增长消费的需求，尤其是调味服务的增长。

(5)智能化代替人工生产、销售、服务，大大提高效率，进而带来调味品的增长。

2. 中国调味酱销售额增长趋势

如图 2 -4 所示,从 2015 年至 2019 年,调味酱的销售额一直处于增长状态。

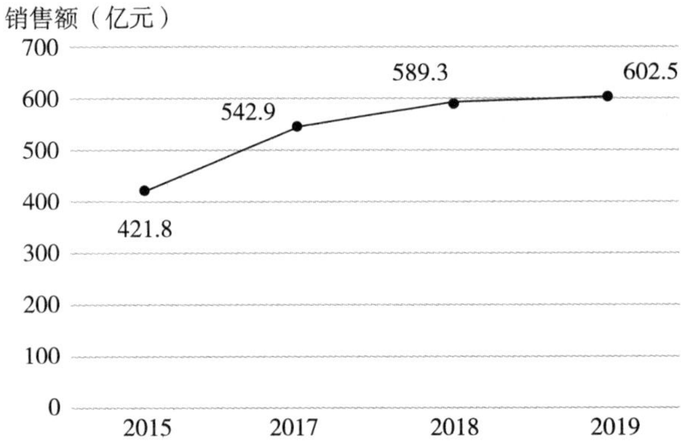

图 2 -4　2015—2019 中国调味酱销售额增长趋势

2016 年中国调味酱销售 508.6 亿元,从此开启稳定增长的趋势,这说明调味品的消费认可度不断增加,新的调味酱也不断出现。2015—2019 中国调味酱销售单价变化趋势见图 2 -5 和表 2 -1。

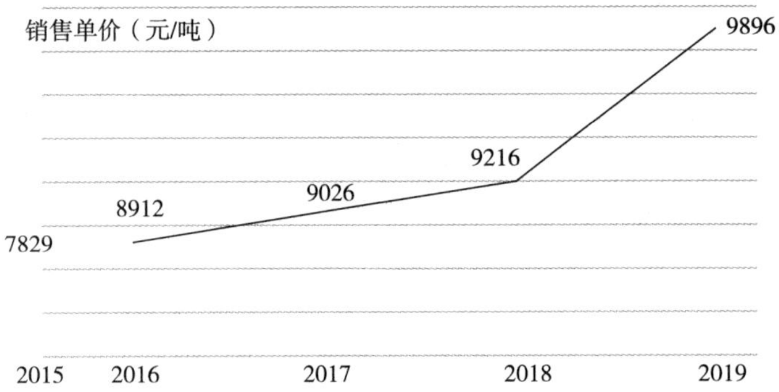

图 2 -5　2015—2019 中国调味酱销售单价变化趋势

从图 2 -5 中可见,调味酱单价增长比较明显。2015—2019 年中国调味酱每吨销售价还未突破 1 万元,市场消费的机会还很大。

表 2 -1　2015 -2019 中国调味酱销售单价趋势

年份	销售单价(元/吨)
2015	7829
2016	8912
2017	9026
2018	9216
2019	9896

3. **中国复合调味品增长趋势**

中国复合调味品的增长(图2－6)说明其满足了越来越多的消费,复合调味品的发展将是调味品发展的主要趋势,也是复合调味升级的必然,更是满足人们消费的必然。

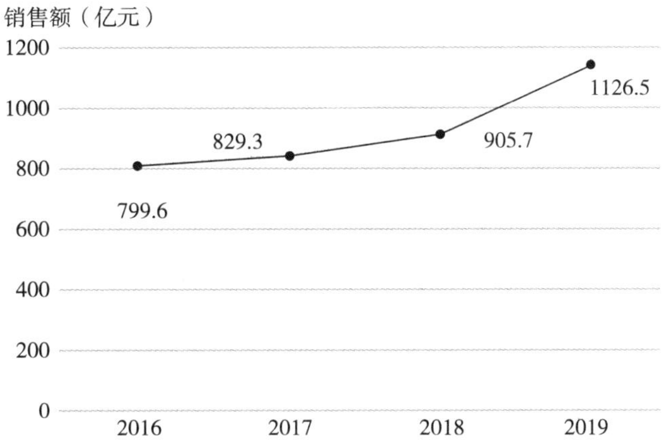

图2－6　2016—2019中国复合调味品增长趋势

4. **餐饮才是调味品增长的发动机**

对100万位餐饮从业人士进行测试,结果显示(图2－7),标准化的餐饮将成为主流,个性化餐饮占21.4%,标准化餐饮占78.6%,其他餐饮形式存在的价值空间越来越小。连锁发展、外卖发展大大加快了标准化的进程,因此,标准化的复合调味成为主流,标准化是连锁化、快捷化、傻瓜化、复合化、定制化、外卖化的基础。

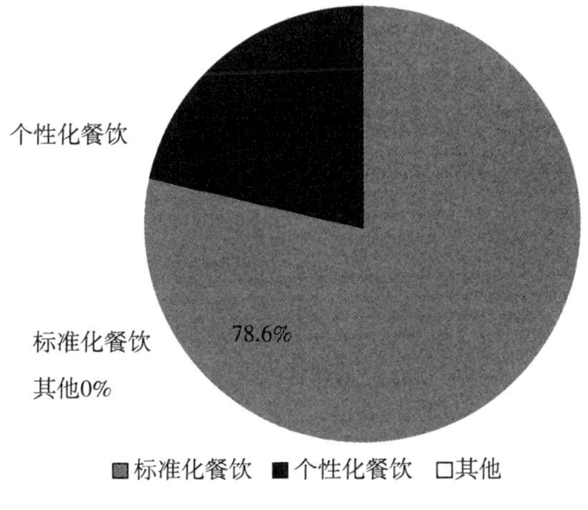

图2－7　2020预测未来餐饮格局

5. **火锅行业发展稳定增长**

火锅调味料差异化升级,同质化差别越来越大,小众化、健康化的趋势比较明显,体现出火锅消费新趋势增长。

2019年中国火锅消费状况(图2－8)显示,麻辣火锅(这里将麻辣烫、串串、冒菜、辣味火锅全

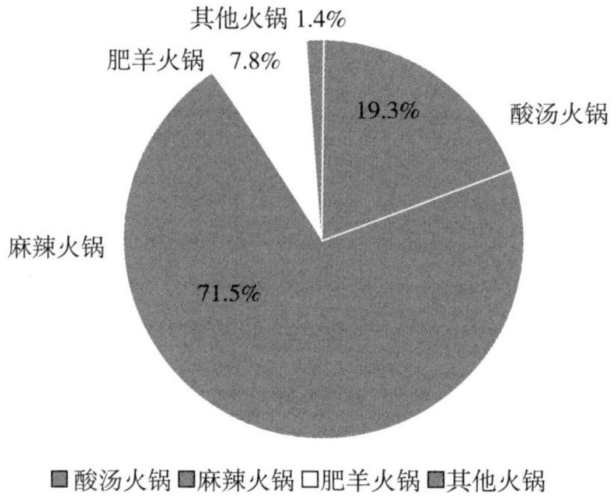

图 2－8　2019 中国火锅消费状况

部统计为麻辣火锅）占所有火锅消费的 71.5%，肥羊火锅（这里将一切养生火锅、羊肉汤锅、养生汤等统计为肥羊火锅）所占比例为 7.8%，酸汤火锅（这里将以凯里酸汤为主的酸汤捞饭等统计为酸汤火锅）的比例达到 19.3%，这个新出现的增长趋势应得到关注。其他的火锅（豆米火锅、酸菜火锅、鱼酱酸火锅、骨汤火锅等）占有 1.4%。

6. 中国调味品持续增长的保证

中国调味品持续增长，不断带来新消费和新趋势，主要取决于以下几方面：

（1）调味品是刚需，而且可能同一地方不同消费者需求不一样，这也体现了中国味道多元化的优势。

（2）消费者需要吃好，人们对美味的追求需要越来越多的调味品来完成，调味品的类别和种类都会不断增加。

（3）调味品全球化的消费需求，推广调味品的使用面和消费领域，实现中国调味品的不断增长。

7. 千亿调味品市场机会多

调味品的千亿市场很多，怎么抓住，需要给消费者带来越来越多的卖点和亮点。

（1）服务好消费者，做好调味品，实现调味的价值释放。

（2）产业服务数据化，不断进行技术革新，满足消费的新兴内容。

（3）消费者变化了，调味品的需求也发生了变化，所以以前的调味品销售就下滑了，只能不断利用新消费来实现调味品销售。

（4）不同的消费者需要不同的调味品，形成了大量定制化新需求，调味品的交易发生了改变，根据需求来实现调味品销售。

（5）线上支付直接完成交易，交易成本大大降低，消费渠道不断变化，调味品的外延价值不断增加。

8. 社群消费的趋势和方向

调味品消费社群化，带动有限的消费，由于存在裂变的现实，让调味品在社群化趋势下不断膨胀，获得更多的消费，成为新兴的调味品品牌。也有些调味品因为同质化，在社群化的引导下浪费了大量的费用和人力物力，消费得不到提升。个性化的特色调味品因为社群化，源源不断的创新消费形成，实现更多的消费需求，达成更多的美味分享，社群消费带动依然成为畅销的必然趋势。

9. 全体验的消费调味品

调味品全天候消费的推广进行，满足调味消费的时间和空间限制，无论何时何地均可完成调味品的销售，这就放大了调味品销售的内容。

五、中国调味品的变化

1. 中国调味品的整体变化

(1)价格增加，销量下降，产值增加。

(2)调味品和消费者的关系更加紧密。

(3)消费者参与感更强。

(4)调味品存在感更强。

2. 中国调味品的新变化

中国调味品新的变化源于时代的变化、消费的变化、需求的变化。2019 年中国餐饮消费调味品单价状况见图 2－9 和表 2－2。

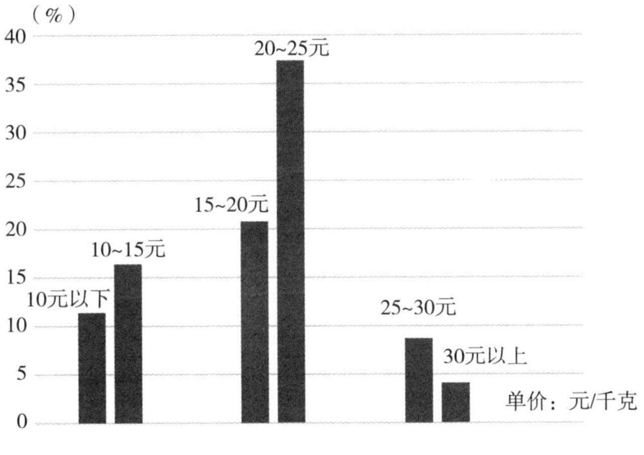

图 2－9　2019 年中国餐饮消费调味品单价状况

根据中国餐饮消费调味品单价状况，可知销售单价为 20～25 元/千克的调味品是餐饮使用的主要定位，占比为 37.6%，以此来分析 2020 年中国餐饮消费调味品的单价(图 2－10)。

表 2－2　2019 年中国餐饮消费调味品单价状况

价格(元)	10 以下	10～15	15～20	20～25	25～30	30 以上
比例(%)	11.7	16.6	20.9	37.6	8.9	4.3

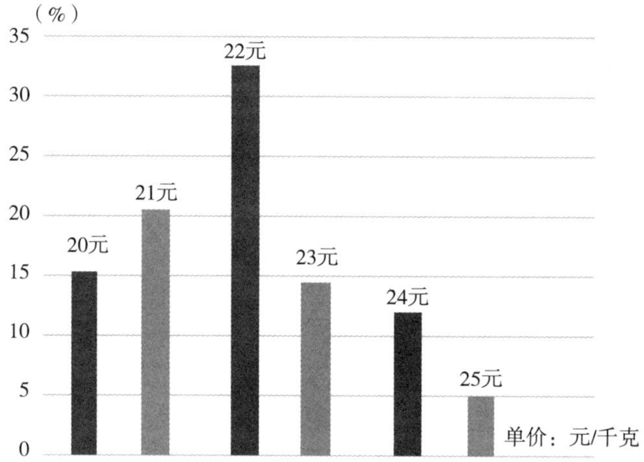

图 2-10　2020 年中国餐饮消费调味品聚焦单价分析

由图 2-10 可知，2020 年调味品生产量持续下降，单价和产值不断增加，餐饮需求的调味品单价发生变化，22 元/千克的价格成为焦点（表 2-3）。

表 2-3　2020 中国餐饮消费调味品聚焦单价分析

价格（元）	20	21	22	23	24	25
比例（%）	15.2	20.7	32.6	14.4	12.1	5

六、特色化调味品复购因素

1. 购买调味品因素

影响消费者购买调味品的因素在变，主要体现在：

（1）消费调味品的诉求，选择调味品的标准，调味品交易过程都在变化，消费的需求也发生新的变化，研究调味品的消费服务技术、个性化需求趋势成为消费调味品的主要因素。

（2）中国调味品品牌忠诚度在减弱，2019 年对 10 万调味品消费者的调查中显示，对调味品品牌的忠诚度为 6.2%，远远低于 2016 年调查的 8.9% 忠诚度。

（3）调味品新消费所占比例不断增加，从 2016 年的 8.2% 新消费上升到 16.1%，未来还会有所变化，新消费的影响也大。

（4）选择消费调味品的机会增加，2008 年采购调味品主要是超市和零售，现在增加了更多的采购方式，调味品的增值服务也更多，按照销售的价值来核算，其价值是原来的 6.5 倍。

（5）调味品价格影响力在减弱，受价格影响的消费者约为 15.8%。

2. 特色调味凸显

地方特色调味品明显带动调味品发展，消费认可黏性很强。

（1）拉面专用调味品形成规模，尤其是拉面的专用汤料开发，为标准化拉面发展奠定了基础。

（2）重庆小面专用调味品形成，满足重庆小面走向全世界的需求，消费更加普及。

（3）云南菌类调味品形成，具有国际性优势。

（4）辣椒调味品多样化工艺的形成。

3. 特色调味品竞争力

如何提高特色调味品的市场竞争力，消费认可是关键。

（1）体验突破，文化引导，精准复购，标准化带动。

（2）调味品是满足人们美好生活需求的必须因素，调味品需要不断实现人们需求而满足人们生活质量变化。

（3）调味品的特色就是调味的最大价值，不是满足人人需要而是满足各自独有的消费者需求。

（4）特色调味品有独特的使用价值。

七、老字号调味品复购因素

1. 取得消费者认可

老字号能成为一流品牌，也可能固步自封，销售举步维艰，主要是因为消费者已经改变而消费的产品未改变，只有改变消费的产品才能实现消费的重复。老字号的变化源于消费者，而不是成本和传统的做法，消费认可才是根本，认可才能产生消费价值。

2. 老字号蝶变满足消费

老字号蝶变成为未来调味品品牌的现实，价格的作用不再明显，如何满足新消费的调味品品牌才是未来的亮点，一些品牌的种类扩张难以实现消费。根据消费来改变老字号，才能实现老字号的发展，消费才是老字号蝶变的根本。

3. 复购老字号创生

解决老字号调味品危机，挽回消费认可的第一步就是选择真材实料，将原料和做法传承，根据消费作相应的调整，品质和价格对等，满足消费者认可，改变传统调味品的不足。

第三章　中国调味品健康趋势

一、中国调味品健康需求旺盛

1. 健康需求

健康成为未来调味的必然趋势，健康的食材成为调味的主要因素。高颜值、低热量、绿色有机生态调味品的消费需求一直处于起步阶段，尚未形成消费的主力军。随着人们生活水平的提高，健康需求处于不饱和状态，开发潜力巨大。

2. 创新健康调味品

健康的食材创新和调味的结合，带动消费的升级得到人们的认可和推赞，只有健康的调味品才能持续发展，不健康不卫生的调味品企业必然被淘汰。

3. 超值健康消费

因为健康的调味是人们进入小康时代的需求特点，只要更加健康的消费得到实现，人们愿意购买并可以超额付出，这就是这种新消费的特点。

4. 健康意识崛起

带动新消费才是调味品的出路，传播健康需求的观念，让健康的消费得到持续，让调味品不仅仅是调味，还是健康的刚需因素。根据消费者健康需求开发健康调味品，服务消费者，健康消费才是调味品企业发展的动力。

二、老年人调味品新需求

老年人对健康的认识不断升级，健康的需求倍增，出现了保养消费的调味需求，更加养生。对60岁以上老年人的死亡原因的调查结果发现，消费不健康是主要问题。超过40%的老年人的死亡是由于饮食风险导致的高血压等疾病所造成的。保持良好的习惯和健康调味对老年人健康的重要性得到重视，调味养生在社区和养老产业中的需求持续上升，高品质的科学调味商机较大。健康因素成为老年消费需求的热点，尤其是低糖、低脂、低胆固醇的调味需求，老年需求的升级是追求健康的必然。

三、新鲜调味品需求趋势

生鲜调味化进程加速，调味品品质在不断提高，带来新兴的生鲜调味品趋势。大多数创业和消费都在生鲜调味方面下功夫，而由于消费不认可，调味的细节不能满足消费者，导致生鲜的调味处于比较尴尬的局面，生鲜的需求依然存在很大空间，人们需要更加健康的生活更加新鲜健康的调味，达到人们需要的新鲜价值。

四、中国调味品产业循环发展趋势

调味品的合理化使用得到提升，消费之后可以重复利用产生更大的价值。农业经济、调味品生产经济、循环生态经济的结合，更加催生产业升级，带来源源不断的利润，造就越来越多的价值。

1. **辣椒种植循环生态**

通过辣椒循环生态种养殖（图 3－1），实现辣椒全产业链无污染环保的额外商业价值，给人们带来无限商机。

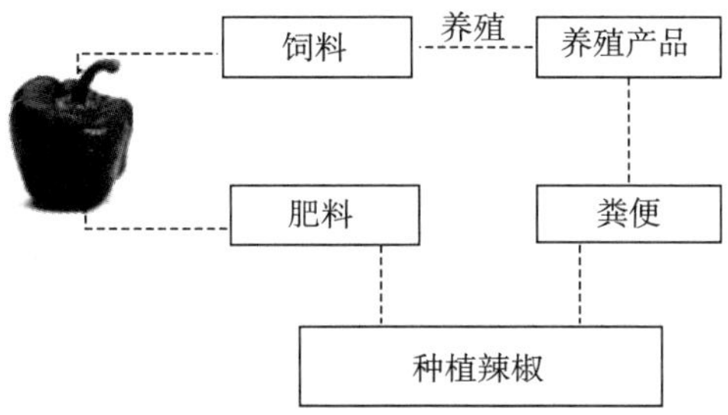

图 3－1　辣椒循环种养殖产业链

该做法已经在国内多个地方成功运作，效益得到同行高度认可。养殖饲料经过生物工程技术转化，高效转化辣椒剩余的价值，成为新的调味源头产业生态链。这是辣椒深加工的必然趋势，也是辣椒生态化、多元化、国际化、消费即食化的必然。

2. **蔬菜种植及调味品加工循环生态**

蔬菜种植及调味品加工循环生态如图 3－2 所示。

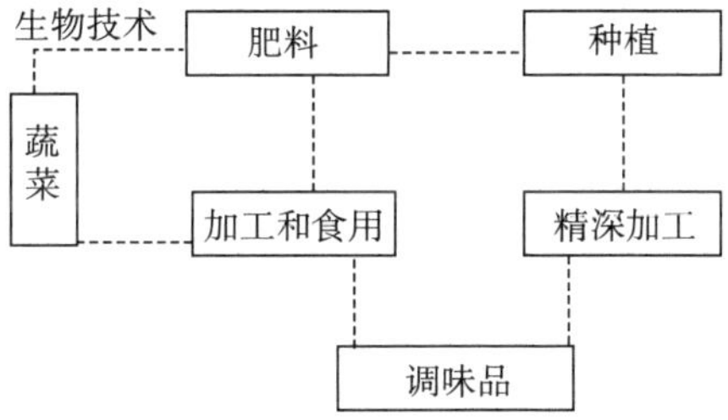

图 3－2　蔬菜种植及调味品加工循环生态链

蔬菜分成两部分：一部分直接食用和加工；另一部分转化成为肥料，在进行种植蔬菜时使用。种植出的蔬菜加工成为调味品，循环蔬菜种植和加工，提高蔬菜加工调味品的价值，带来消费的多元化，化解种植和生产存在的难题。提高蔬菜加工调味品的整体科技含量，为人类吃好蔬菜调味品带来机遇。

3. **花椒种植及其循环生态**

花椒种植及其循环生态如图 3－3 所示。

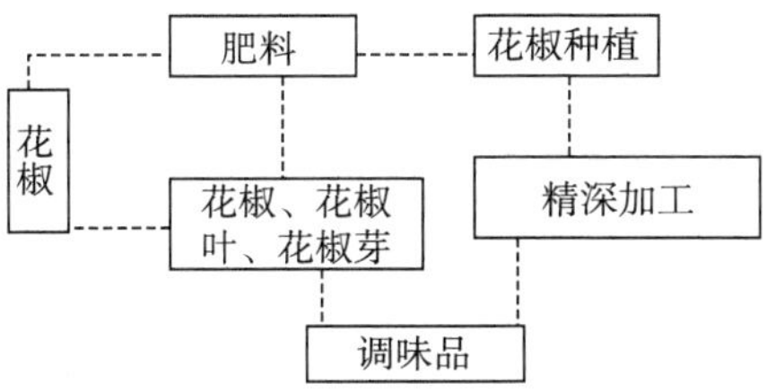

图 3－3　花椒种植及其循环生态链

花椒经过剪枝得到新鲜的花椒枝叶，将这些枝叶经过生物工程发酵，做成种植花椒专用的肥料，更加科学高效种植花椒。花椒的嫩叶和花椒籽均为得到更多的花椒制品做准备。花椒制品有花椒芽菜、花椒油、花椒液、花椒酱、花椒小菜等多种调味品，丰富了消费的需求，带来更多的消费价值和味型选择。

4. 泡菜加工循环生态

泡菜加工循环生态如图 3－4 所示。

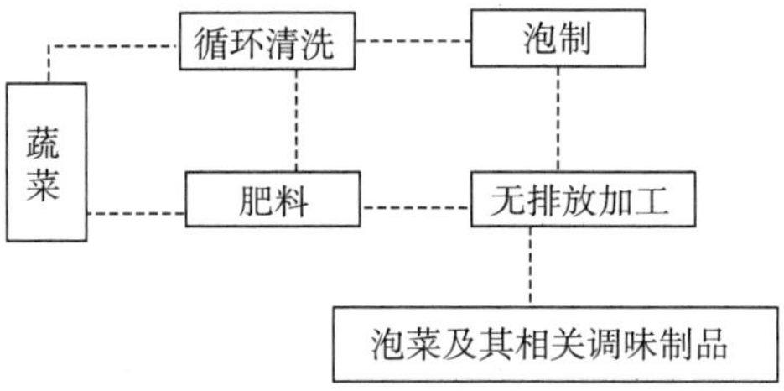

图 3－4　泡菜加工循环生态链

蔬菜经过循环清洗产生的垃圾转化成为肥料，再用于种植蔬菜，水源得到很好利用。泡制所产生的水无法排放加工，这是当前泡菜食品主要需要解决的难题，将其形成肥料及其相关副产品，生产出泡菜及其相关调味品，深度化解泡菜产业落后的面貌，带来深化侧改革的价值。

5. 健康黑豆调味品加工热点

健康黑豆调味品加工链如图 3－5 所示。

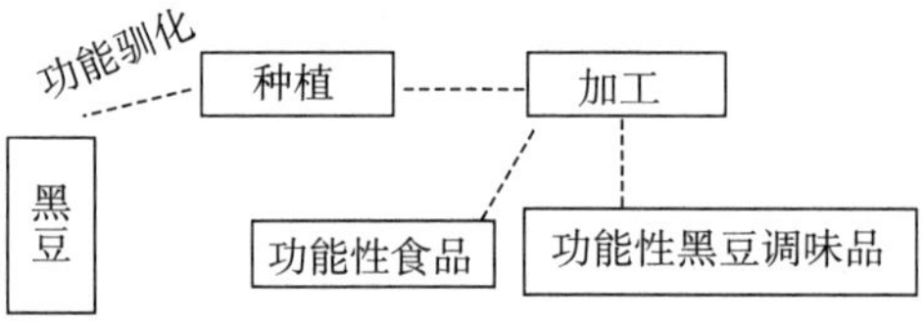

图 3－5　健康黑豆调味品加工链

健康黑豆经过加工形成黑腐竹、黑豆皮、黑豆蛋白粉、黑豆浆、黑豆腐等功能性食品以及黑豆豉、黑水豆豉、黑豆腐乳等功能性调味酱，满足人们高品质的调味需求，实现更多功能性的产业消费带动。

6. 油渣复合调味酱创新

油渣复合调味酱创新链如图 3－6 所示。

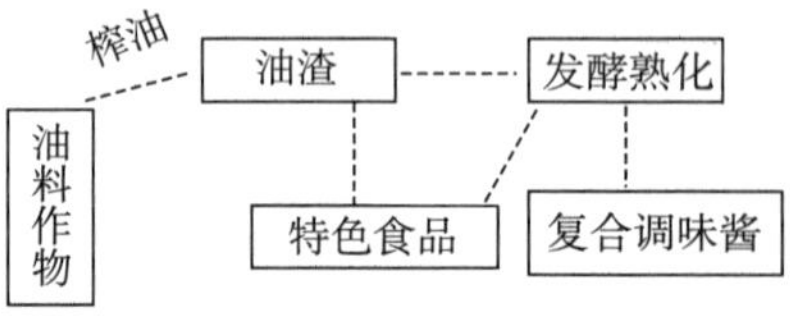

图 3－6　油渣复合调味酱新创链

利用油渣加工复合调味酱，给消费带来新需求，尤其是发酵熟化之后形成特定风味的酱味胚料，为复合调味酱的发展带来新的消费。

7. 发酵胚料全复合调味酱生产

发酵胚料全复合调味酱生产链如图3－7所示。

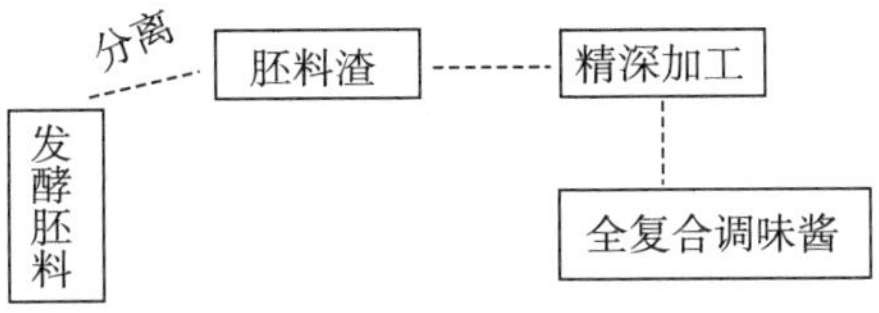

图3－7　发酵胚料全复合调味酱生产链

发酵胚料可以是酱油、醋、酿造酒胚料，通过精深加工成为全复合调味酱，使用方便，食用即时效果好，提高了发酵胚料价值开发，实现更多的调味价值。

8. 循环加工调味品

中国调味品消费趋势如下：

吃饱→吃好→吃营养→吃安全→吃健康

循环加工调味品的目的就是为了吃到健康的调味品，健康调味品的主要影响因素（如图3－8）有源头、种植、养殖、加工。

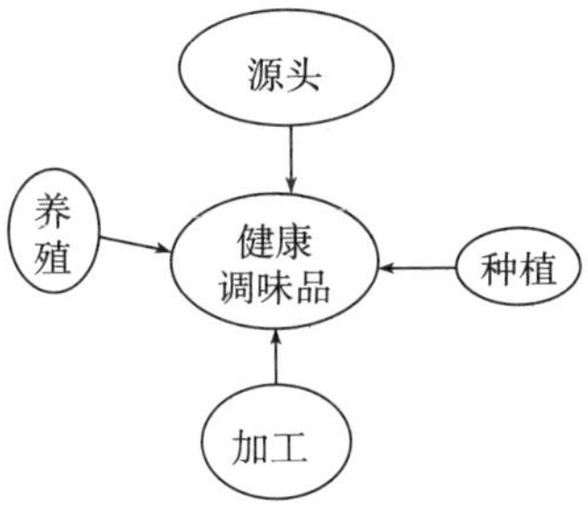

图3－8　健康调味品的影响因素

中国调味品种植原料的源头管理非常关键，根据出口调味品的经验和现状，总结出主要的影响因素（图3－9）。

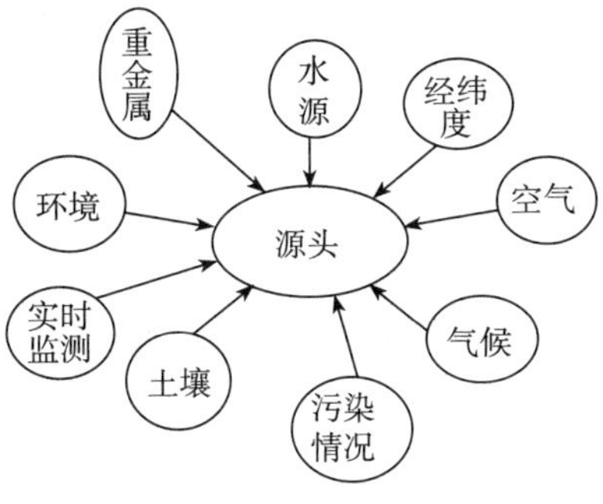

图3－9　调味品种植原料源头影响因素

五、中国发酵调味品需求趋势

发酵调味品对人体的作用得到人们的认可，发酵调味品满足特色调味以外的更多健康需求，如发酵黑豆豉独特的消费便于记忆，黑豆酱油引导新消费趋势，泡菜在餐饮使用的场合增加，发酵的鱼露、虾酱成为新型调味的杀手锏，越来越多的调味品企业需要这些高品质的调味品，精深加工成更加高品质的全复合调味品，满足消费的升级。

传统发酵是调味品发力的主要动力之一，有可能改变未来调味品的产业趋势，实现调味品的精深发展。传统的发酵酱油转化成为复合化发酵酱，传统的酱菜发展成为发酵酱及其即食菜，传统发酵产业的零排污成为典范，能够有效实现调味产业的增值高效。

发酵调味品循环生态生产过程如图 3－10 所示，发酵调味品从原料到制作过程产生的废料经过生物工程处理，成为发酵原料种植的肥料，是发酵产业循环生态发展的关键，成为更加规范、合理、高效产业体系。如发酵豆豉洗曲的水，可以作为新的调味开发，带来新消费，避免浪费，附加增值，消费升级。

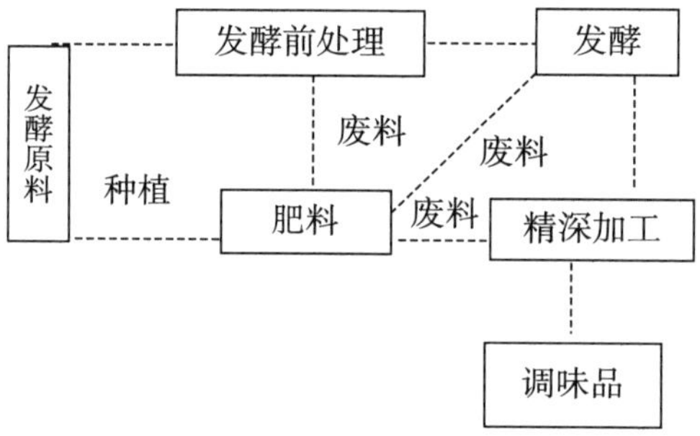

图 3－10　中国发酵调味品生产循环生态链

中高端发酵调味品是未来的需求趋势，带来发酵调味品的深度消费。循环调味品发酵生产提高了资源利用率，降低了能耗物耗，减少了污染的排放，是未来发展的必然趋势。

六、中国辣味调味品需求趋势

对随机的 100 万位消费者的调查结果表明：认可辣味的消费者占 58.8％。辣味调味品不断流行世界各地，消费者越来越喜欢辣味调味品，喜欢吃辣的消费者中 60％的消费者是经常吃辣。62％的消费者认为重复购买是因为吃辣上瘾。

中国辣椒吃法丰富，种类繁多，辣味食品渗透力强，消费认可率高，不断增长和创造的新消费品类如麻辣火锅、麻辣小龙虾、泡椒凤爪、麻辣鸭脖及其辣味冰淇淋、辣味饼干、辣味蛋糕等满足了更多消费，带动了越来越多的调味品消费增值。

辣椒种子库为辣椒产业的发展带来新的辣椒基因，辣椒的基础研发，从基因、种子、种植来实现高品质的辣椒生产。

辣椒加工股份化，为辣椒调味品标准化、特色化做出了贡献，股份化更加优化消费的选择，便于诞生强有力的辣椒制品品牌。

辣椒种植基地标准化，合适的经纬度、气候、水源锁定辣椒的生长特性，实现具有地理标志的辣味调味品价值。

全产业链辣椒调味品融合发展，无限深化消费带动，销售整个产业链的增值，实现更多消费的动态趋势。

第四章　中国调味品动销新亮点

一、中国调味品的特点

1. 中国调味品的优势

（1）地方特色为主导引导中国味道，全国调味品潜力巨大，新品层出不断，复合调味品和酱类调味品增长明显，在地方特色调味方面贡献力极强，新的调味品尤其是地方特色调味品成为主力。尤其是在川味全球化的影响下，其他调味品发展会更加容易。

（2）调味消费动态化，精准的消费定位直接满足人们的需求。

（3）完整的销售网络带动全国性的需求、全球性的趋势、全人类的共享。

（4）国内消费潜力大，尤其是麻辣、酸辣调味品，具有非常多的机会。

2. 中国调味品构筑溢价护城河

（1）“中国味道”估值受益稀缺性，人人都需要，是世界性的需求。

（2）调味品的地方特色优势越来越明显，直接成为独特的调味产业，外资影响较弱，中国调味品的地区差异带来独特的价值是无法复制的，外资企业的管理、生产、销售模式不一定适合中国调味品行业，只有充分理解调味的作用和功效，才能实现调味品的价值。

3. 中国调味品管理致胜

（1）成本管理做到极致是规模化调味品加工的优势，具有完善的根据需求定制调味品的机会，大大提高了销售的机会，满足了人们日益增长的消费需求。

（2）渠道变化让消费者爱上新的热点体验消费，原有的经销商、批发零售等都做适当的调整，相互形成联盟满足消费需求。

（3）城镇化创新的需求，越来越多的消费者因为吃好而采购调味品，具有完善网络的企业优势明显，可以快速完成二、三线城市的增值需求。

（4）单一地区的成功带动多个地区的销售，精耕地区样板市场，满足消费带来收益。

（5）调味品品类竞争逐渐减弱，通用的调味品变化让未来的需求发生革命性的作用，高品质的需求一直上升，原生态的技艺一直备受人们的选择，即便价格高一些消费者也仍然乐意采购。

4. 中国的调味品消费市场巨大

中国的调味品种类多、需求多、价值多，市场巨大。

（1）调味品的价值会越来越大，调味体验机会非常多，吃好是调味品的最佳价值体现。

（2）未来中国的调味品将继续挖掘传统调味记忆，产生更多调味品，满足新的消费，创新味道的机会很多 。

5. 中国调味品的机会

中国调味品的消费机会很多。

（1）调味品的消费市场不断增加，调味的价值不断外延，调味的作用越来越多，消费追求越来越好，人们步入小康时代，对调味品需求越来越多。

(2)新消费的主导发挥作用,调味品品质越高机会越多,可以使用的价值越大,竞争的优势越明显。

(3)调味品消费基础好,洞察消费动向产生新的消费体验,进而带动消费的认可度。

6. 中国调味品的竞争力

调味品的消费才是真正的竞争力,重复消费导致销售增加才具有竞争力。调味品本身就是竞争,模仿没有未来,只有调味本身的价值才能产生较强的竞争力,更多的调味价值还需要不断的创新。调味品的冷链趋势催生出新鲜需求的调味品竞争力,回归原生态新鲜的调味消费成为主要竞争力。

7. 中国调味品银行

调味品经营者、餐饮培训创业机构、银行之间形成跨界的高效合作。

(1)调味品消费银行的诞生造就新的银行生态链,带来以调味品为主导的生态银行(图4-1)。

(2)调味品与食材产生连接,链接消费带来创业、产业、事业的闭环消费,银行来承担一切费用和整个生态链共享资金的流动。

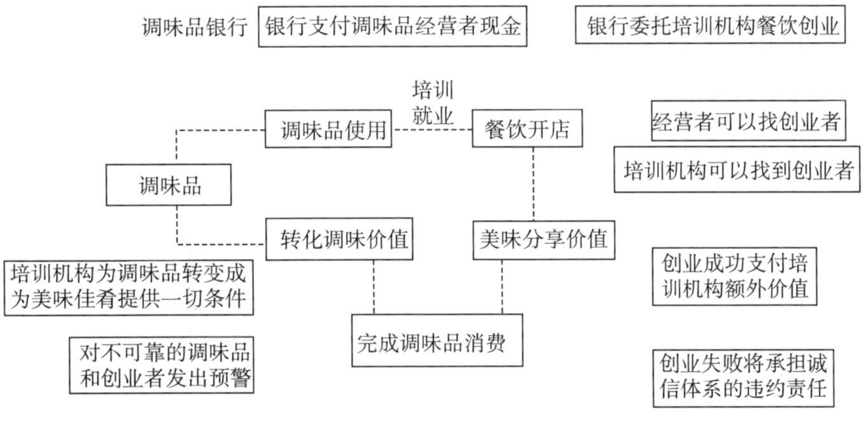

图4-1　中国调味品银行

(3)整个消费和交易通过银行来实现,这是银行面对消费竞争的商业机会。

(4)调味品链接因为调味产生的一切关系,均可以通过银行产生更大的价值,银行成为调味价值的核心功能,调味品的价值越大,效益越好。

(5)同样的调味品银行,实现的内容可以做相应调整,如下图4-2所示。

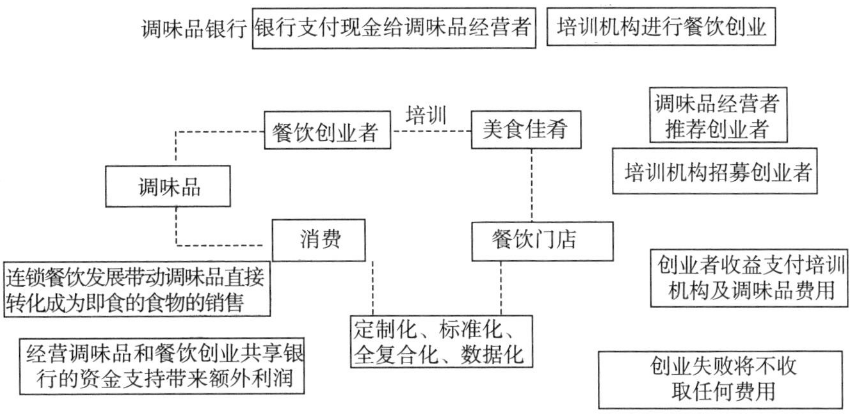

图4-2　中国调味品银行调整

最终的结果是一致,同样的办法可以产生调味品创业银行、辣椒银行、花椒银行、重庆小面银行、拉面银行等,形成新消费的调味价值共享。

二、中国调味品品牌

1. 中国调味品品牌社交化

消费调味品更加透明高效,实效消费不断升级,越来越多人们的需求得到满足。

(1)把调味品做成互动的社交内容,带动消费的共融,产生消费的共鸣,促成消费美味的价值。

(2)个性化的调味可以快速增长,满足消费并带来喜悦,这就更加便于消费和销售。

(3)调味品的优势不是价格高和低,不是资源和囤货,关键的出路是消费,例如,大多数人认为高品质的菜品不适合火锅消费,但是事实却是高品质食材非常适合火锅消费,同时高品质调味品也适合高品质消费,更适合消费体验,带来更多的额外价值。

(4)集中优势力量把调味品的社交化价值展现出来,实现消费的增值体系。

(5)调味品通过直接和消费者对话实现调味的功效,这是一个一对多的体验,可以让无数消费者得到服务。

(6)调味品消费直播化,通过直播产生调味的价值,分享美味的享受,直播调味品的方式很多,平台带动也非常广泛。

(7)具有良性社交作用的调味是循环供给的,不存在风险,但是非常多的商业炒作是没有带货能力的,投入较大消费较低,很多网红直播不具备长期性,难有商业价值。

2. 中国调味品品牌的核心

消费是调味品品牌的生存机会,是调味品品牌的主心骨。调味品品牌核心表现:

(1)调味品品牌主要是消费,没有消费的品牌不再有价值,没有价值的品牌将没有任何意义,品牌在于消费,消费才是产生效益的根本,所有的资源和调味品都是为消费服务的,只有把消费服务好,才可能产生价值。

(2)大多数调味品企业将赚钱作为品牌的核心,这就让品牌的发展举步维艰。

(3)消费时代发生变化,这个时代的品牌带动力是过去的数倍,价值的释放也是过去的数倍。

(4)调味品品牌发展具备多元化消费基础。

3. 中国调味品品牌特点

(1)大品牌稳定发展。

(2)调味品牌加盟模式成熟。

(3)共享化调味新时代满足更多需求。

(4)中国调味品品牌模块化,实现调味品更多的价值互动,实现了餐饮和食材的整合,完成消费的补充作用。

(5)调味品品牌共创菜品联合趋势:新鲜、天然无添加、清淡、甜鲜。

4. 中国调味品品牌餐饮化

餐饮行业才是调味品的舞台,调味品行业在不断实现满足餐饮行业变化快、标准化定制条件的调味品,实现消费认可的快速发展。中国新餐饮影响因素如图 4 - 3 所示,主要是调味品、定制、体验、调味,这些都是新餐饮发展的主要体现,几乎都与调味品息息相关。调味品品牌餐饮化是必然趋势，因为调味诞生的调味价值远远大于调味品本身。大多数餐饮企业并不强大，真正的餐饮连锁品牌只占5.3%，餐饮对名厨名师的依赖性在不断下降。

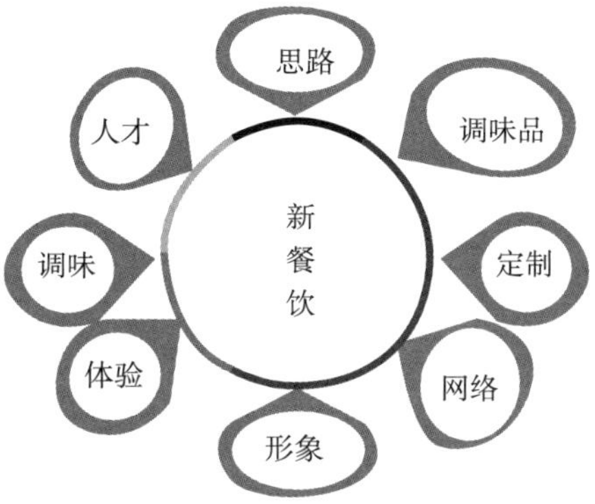

图4－3　中国新餐饮影响因素

三、中国调味品定制化

1. 定制化服务变化多样

多变的定制化服务满足越来越多的调味需求，做每种特色的调味品，让消费万物互通互联，中国定制调味品变化趋势如下：

软件信息化→标准化→智能化→个性化→柔性化

通过软件信息实现调味品的定制化服务，促进调味品个性化发展，顺应柔性化的定制调味品时代发展，实现渠道利益一体化，未来定制的方式会更多，会出现更多根据消费需求来实现的定制调味品。

2. 私享定制调味时代

目前，辣椒制品定制全球通行，为更多调味品的发展做出了榜样，越来越多的定制调味品将得到开发。完善的销售体系，标准可控的生产体系，是调味品生存的保证。调味品创新是因为有消费的需求，需求得到满足才是创新的价值，是带来消费的关键点。调味品的主要优势就是调味，要不断精耕消费市场，进行调味的创新，做到精准消费，增加效益。

3. 中国定制调味品需求面广

随着中餐的上市推进，消费需求的趋势推进，标准化定制调味品推进，调味品的发展自然机会很多。

（1）定制种类很多，范围广。

（2）定制调味品使用的场合多 。

（3）定制化需求的趋势越来越明显。

（4）调味品定制化带动很多消费，直接带动销售。

（5）调味品更加细化，调味品个性化的空间增加，需求和消费的结合增加。

定制调味品经历了供应大于需求、需求大于供给、均衡需求三个阶段，现在达到差异需求定制调味品的阶段，中国定制调味品供需发展趋势如下：

供大于求→需大于供→均衡需求→差异需求无限复制状态

4. 定制调味品大数据特点

依据大数据来实现串串、麻辣烫等定制调味，利用直播等形式宣传定制调味品，人工智能销售定制调味品，虚拟体验定制调味。这些创新消费场景带动定制需求调味品多元化发展。定制消费的调味品的进入门槛不断提高，为更加高效的消费做准备，带来更加幸福的味道。

5. 全复合调味品主导定制调味

全复合调味品的发展占主导地位，带动了餐饮和调味的结合，实现新消费的更多价值，满足了越来越多的餐饮需求（图 4－4）。

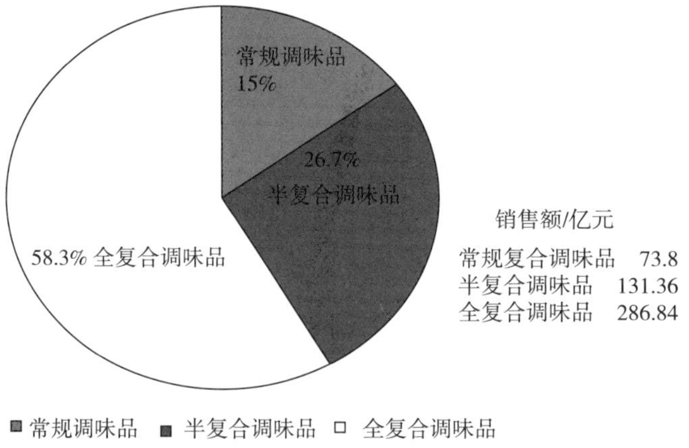

图 4－4　2019 年中国私人定制调味品销售状况

2019 年常规调味品（酱油、醋、味精、香油、食用油、香辛料等）实现销售 73.8 亿元，占定制调味品销售的 15%，半复合调味品（鸡精、卤料、辣椒油、辣椒粉、火锅底料等）占定制调味品的 26.7%，实现销售 131.36 亿元，全复合调味品（麻辣小龙虾调料、重庆小面专用调料等）占私人定制消费的 58.3%，实现销售 286.84 亿元。可以看出全复合调味品是私人定制调味品的主导，也是未来消费升级的主要定制内容，比常规调味品的潜力更大。

四、中国调味品渠道变化

1. 中国调味品的渠道更加复杂

消费更加透明，调味更加具体，带来的渠道更加丰富，消费升级持续变化。

（1）商超渠道在不断下降，新渠道不断崛起，渠道将不断增加，消费更加直接，体验更加高效，升级的实践更加透明。

（2）2019 年餐饮使用调味品现状如图 4－5 所示。

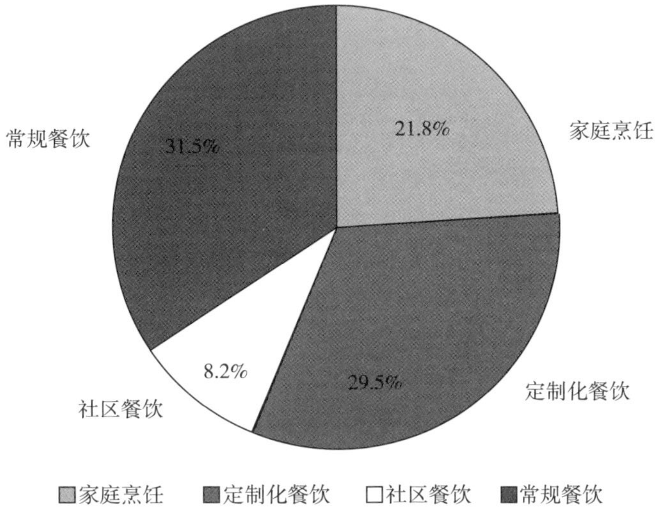

图 4－5　2019 年中国餐饮使用调味品现状

2019 年常规餐饮使用调味品仍然是主导，占比 31.5%，但是常规餐饮使用调味品比较复杂，没有明显的特征。新兴的社区餐饮值得关注，占比 8.2%。家庭烹饪使用调味品 21.8%。定制化调味品用于餐饮增长的内容和容量较大，占比 29.5%，精准和消费趋势明显。价格在调味品餐饮中的优势正在减少，家庭消费的比例正在不断减少，家庭和餐饮都在趋于提高档次满足更多新需求，吃好的趋势比较明显，低档次的调味品越来越难。餐饮需求的调味不断增长，家庭需求则不断下降，社区餐饮更加成为新潮，实现调味多样化普及。

2. 中国调味品主次渠道

餐饮行业才是调味品主要消费场所，做好餐饮服务是调味品销售的部分工作。以餐饮为主，带动调味品发展，99% 的餐饮都是以地方来命名的餐饮店，充分证明调味品的渠道必须围绕餐饮转。2019 年中国调味品流通分布如图 4－6 所示。

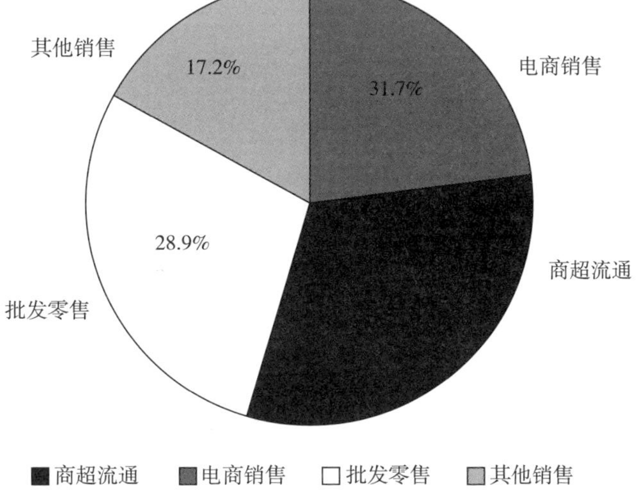

图 4－6　2019 中国调味品流通分布

2019 年中国调味品流通分部主要体现在电商销售，占有 31.7%。商超流通也占有一定份额，为 23.2%。批发零售为 28.9%，仍然是调味品销售的主要方式之一，但是相较于往年为减弱趋势，其他的销售方式为 17.2%，相较于往年变化较多。需求和消费的活力增大，不再是固定的消费模式。未来将形成更多的消费渠道和场景。传统销售模式困难，商超销售调味品的能力在下降，传统批零销售更加透明化，中间利润和服务正在不断削弱，同质化的调味品粘性在弱化，电商销售日益增强，其他新的动态体验方式带动也不可忽视，未来更新的消费体验才是调味品销售的机会。

3. 外资调味品企业发展减缓

中国调味品源于地方特色的带动，具有丰富的生产方法和消费场景，餐饮企业的使用是中国调味品的优势，外资企业的思维往往慢于国内企业。因为消费的升级变化，外资调味品企业无法理解复杂的地方特色调味品，因此，难以获得效益的增长，难以获得更多定制化、个性化餐饮的订单，即便得到一些订单，也会因为服务的体验程度不到位而限制销售量。此外，外资企业对调味品的使用做不到精准渗透，调味品的优势无法体现，最终以失败告终。

4. 中国调味品电商客单价趋势

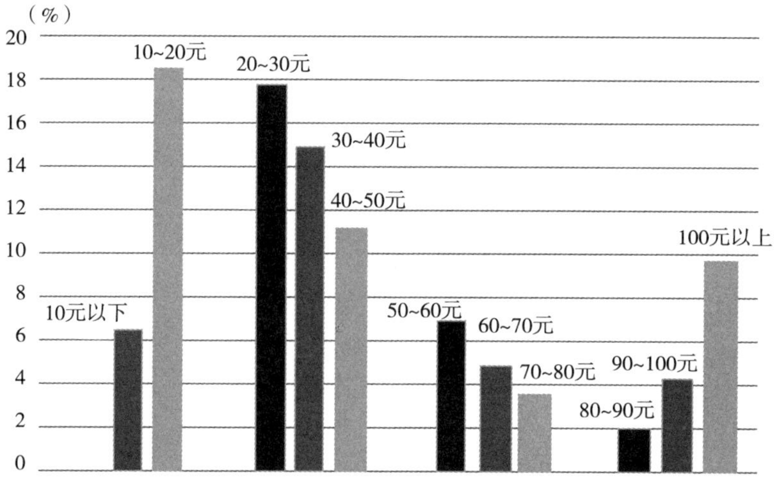

图 4－7　2019 中国调味品电商客单价分布

2019 中国调味品电商客单价分布主要内容，见图 4－7 和表 4－1，根据消费来进行电商的销售，实现调味品的重复消费，从电商采购调味品的客单价获得很多新的机会，实现调味品的精准消费和销售。

表 4－1　2019 中国调味品电商客单价分布

价格(元)	0～10	10～20	20～30	30～40	40～50	50～60	60～70	70～80	80～90	90～100	大于 100
比例	6.5%	18.6%	17.9%	15%	11.2%	7%	4.9%	3.7%	2%	4.3%	9.8%

5. **中国酱油价格分布**

2019 年中国酱油价格分布见图 4－8。

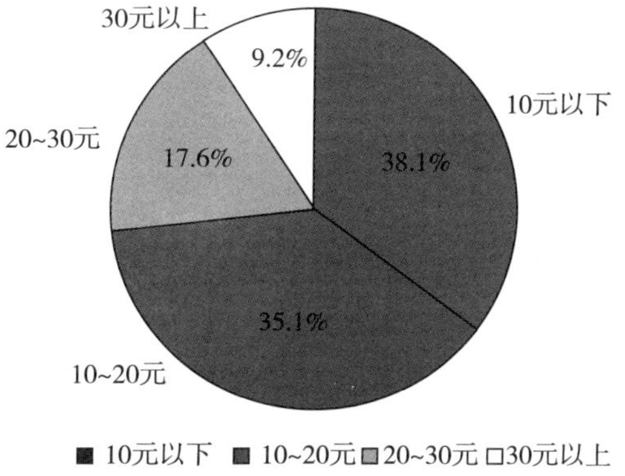

图 4－8　2019 年中国酱油价格分布

作为高品质调味品的主要关键调味品，中国酱油的消费认可率高。30 元以上的酱油中增长明显，35 元成为引导高端标志酱油开发的参考。图 4－9 和表 4－2 统计出 2015－2019 年中国酱油的成本价和销售价增长趋势，作为中国调味品经营者参考。

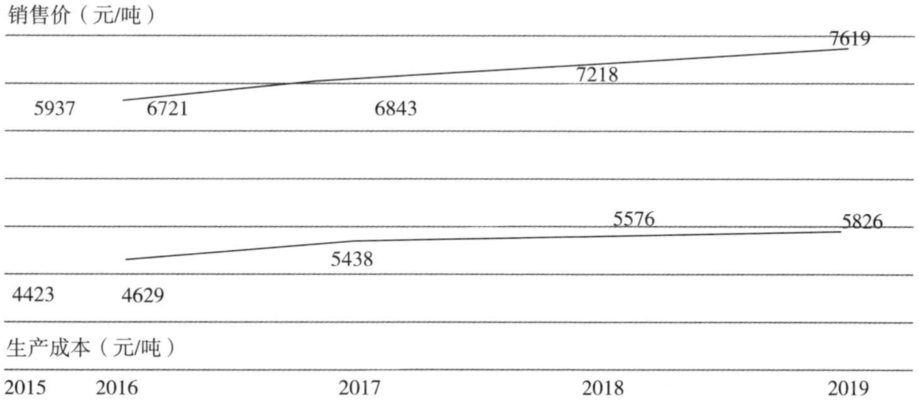

图 4－9　2015－2019 年中国酱油变化趋势

表 4－2　2015－2019 年中国酱油变化趋势

年份	成本价（元/吨）	销售价（元/吨）
2015	4423	5937
2016	4629	6721
2017	5438	6843
2018	5576	7218
2019	5826	7619

图 4－10 可见中国 A 酱油的主导消费是 10～15 元，20 元的价格以下占到总销售的 80% 以上。

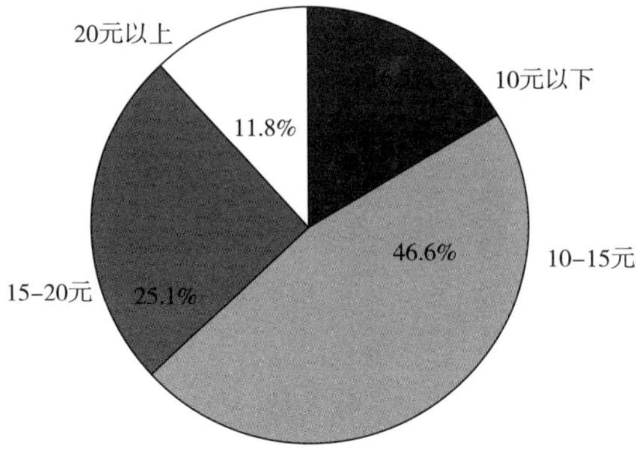

图 4 – 10　2019 中国 A 酱油价格分布

6. 食材调味一体化

跨界联盟为调味品的消费带来更多直接转化，为消费动态的调味效益实现提供条件。将食材结合调味品本身的条件，诞生一些菜单式做法，通过厨师互动实现市场覆盖率的提高，带动消费，满足越来越多的消费市场。对于调味品的增长具有非常重要的作用。

五、中国调味品“网红”亮点

1. 中国“网红”调味品的趋势和未来

“网红”带动消费是快速、高效、成本低的方式，具有非常重要的借鉴作用。调味品的“网红”在于追求极致的消费体验，带来越来越多消费向往，对消费产生记忆，充分释放美味的价值，让消费动起来得到实现，扩大消费的价值。

2. 调味品自带流量

调味品快速转化成“网红”才能带来超级消费，“网红”一定要链接消费的热点，一定要让调味品需求者动心。地方特色调味品具有“网红”的价值，把文化底蕴渗透到调味中，赋予调味品传统饮食文化的记忆，调味品的价值将会增加许多。“网红”链接网上店铺，带动人人传递价值，无限即时释放消费潜力。

3. 中国“网红”调味品的主体

“网红”的主体是人，而不是调味品。这个人决定消费的长期性，并把他多年的积累转化成为巨大的价值，这一做法才是最容易带来流量的趋势。“网红”的价值和内容可以根据消费者的需求做一定改变。

4. 怎样形成中国“网红”调味品

调味品主要作用是调味，核心就是味，因为味道的动态才是新消费的亮点。

（1）找准消费者的需求定位，扩大平台分享。

（2）新闻媒体和事件营销推动，多角度多维度宣传。

（3）全网快速传递价值，满足更加直观的消费需求。

5. 中国“网红”调味品的要素

（1）消费调味品的内容。

(2)执行调味品传播的网红人格。

(3)网红推进调味品的执行渠道。

6. 短视频促进调味品销售的作用

短视频对调味品的推广作用非常明显,消费者容易接受和传播。

(1)通过直播进行内容传播,电商和店铺带货,直接产生调味价值。

(2)消费和短视频的相互渗透,带动消费的直接转化,使调味品的价值得到实现。

(3)体验才是调味品短视频的目的,也是不断升级消费的手段。

(4)短视频传播调味价值的成本较低、时效快,是调味品快速发展的捷径。

六、中国调味品新销售

1. 中国调味品新销售内容

调味品内容不断升级,不断满足消费调味的需要。

(1)采购调味品的数量和质量发生根本性的变化,直接将调味品消费推向成熟。

(2)调味品消费数据化,升级规模化生产,实现更多消费认可,影响消费的边延带动。

(3)调味品消费互动的平台化市场操作,达成新销售调味品的现实。

(4)跟踪销售和服务,使体验和消费对接,扩大消费频率。

(5)供应链整合,带来消费的新变化,创新消费。

2. 新零售重构调味品思维

调味品新零售带来不同消费领域、不同调味品的重复消费。

(1)通过调味品、消费服务、消费场景来实现最大价值的零售效率,成本最低。

(2)以调味品消费为核心,满足消费者的需求,全渠道实时服务,更好服务消费者。

(3)经营调味品思路的重构在于服务好消费者的收益,调味品全消费链数据化,提高消费者的忠诚度和消费粘性互动,带动整个调味生态链合作共赢。

(4)迭代消费的需求,线上线下结合,协同赋能推进消费一体化。

(5)尊重消费需求,善于实践消费行为,强化消费调味内容,打造智能消费新生态,以消费者消费为中心,重复消费实现复购,根据消费需求提高品牌运营能力,打造极致消费体验。

3. 新销售数据化转型

调味品新销售数据化,更加直接实现调味精准服务,满足消费者的重复选择。

(1)以消费为中心的数据化新零售和新制造,触动消费需求。

(2)调味品销售智慧化,运用互联网、物联网、人工智能、大数据等新手段优化调味品、消费者等,给消费者更好的消费体验。

(4)调味品全消费链数据化,实现以消费调味品为中心的的数字化管理。

(5)数据化、智能化洞悉新消费需求,实现更加周到的调味服务。

4. 调味品单份价格上移

从主打 10 元/份的空间价格,正在上移为 20 元/份,目前,大多数调味品稳定在 15 元/份的做法,把脉消费的上移趋势,根据消费需求合理定位,实现精准消费。

七、中国调味品企业标本参考

1. 调味品企业存货所占总资产的比例

根据多年从事调味品企业的经验得，建议调味品企业存货所占资产的比例控制在 10% 以内甚至可达到 1%，现在消费及时化的趋势越来越少，最好的是 0 库存。可以实现订单制，以销售定产量，以产量来进行采购，更加规范化，根据订单生产，计划性需要很强才能完成。

2. 调味品企业经营指标分析

调味品生产企业的现金流一定要大于同期净利润，这样就可以控制企业的经营，见表 4－3。

表 4－3　2015－2019 年某企业经营指标

年份	经营现金流（亿元）	净资产收益率（%）	原料为主的应收账款（亿元）	应收账款比例（%）	净利润（亿元）
2015	0.55	24.25	0.21	23	0.37
2016	0.43	26.23	0.25	20	0.36
2017	0.49	37.82	0.24	17	0.34
2018	0.72	39.22	0.28	15	0.69
2019	0.87	40.12	0.26	11	0.71

从表 4－3 可以看出原料为主的应收账款还可以高一些，为企业的连续运转提高竞争力，但是需要根据净资产收益率来管理。中国调味品个性化发展的前期就是私人定制化，私人定制化的发展实现更多的标准化，某些个性化再逐渐变成为餐饮连锁化。

3. 调味品企业营业成本构成

表 4－4　2015－2019 年某企业的生产成本构成

年份	直接材料（%）	直接人工（%）	制造费用（%）
2015	77.22	5.6	12.98
2016	79.35	5.9	12.52
2017	80.28	6.7	11.82
2018	81.69	7.8	9.92
2019	85.14	8.9	9.69

目前大多数调味品生产企业的现状如表 4－4 所示，如何有效控制就非常关键。调味品企业的原材料所占的比例为 55%～70%，库存商品控制在 1%～20%，低值易耗品及包装物控制在 5%～15%，半成品尽量控制在 3%～10%，确保调味品销售的主要餐饮企业、加工配套企业、经销商，商场、餐饮渠道、流通销售，电商渠道，商超渠道等（表 4－5）。

表 4－5　2015－2019 某企业销售渠道状况

年份	餐饮定制加工（%）	餐饮企业（%）	商超（%）	电商（%）	其他（%）
2015	18.92	30.15	37.23	1.14	12.56

续表

年份	餐饮定制加工(%)	餐饮企业(%)	商超(%)	电商(%)	其他(%)
2016	21.86	32.59	26.45	2.71	16.39
2017	25.63	36.52	14.53	15.6	7.72
2018	29.21	37.14	13.87	11.5	8.28
2019	58.96	27.39	6.69	2.45	4.51

4. 中国复合调味品的利润分析

复合调味粉和复合调味酱销售综合毛利率、毛利率、销售价见表4－6,以此作为生产调味品企业的参考。

表4－6　2015－2019某企业复合调味品销售分析

年份	复合调味酱		复合调味粉		综合毛利率(%)
	销售价(万元/吨)	毛利率(%)	销售价(万元/吨)	毛利率(%)	
2015	1.27	45.32	1.21	40.28	43.01
2016	1.35	48.61	1.28	41.81	46.56
2017	1.41	53.49	1.33	39.16	48.29
2018	1.53	55.73	1.35	46.22	50.35
2019	1.59	53.64	1.38	47.17	51.97

复合调味酱的销售价格高于复合调味粉,复合调味酱的增长大于复合调味粉,复合调味酱的毛利率高于复合调味粉,以上表现出大多数调味品企业的现状。鸡精、鸡粉、高汤粉等复合调味粉下降趋势依然持续,这就是复合调味粉的市场现状。2018年某一品牌复合调味酱占公司销售的66%,复合调味粉占销售的30%,而2019年分别为75%和22%,这不仅是少数调味品企业的现状,而是大多数调味品企业的现状。标准化餐饮需求程度提高,调味品销售的市场较广,但是调味品品牌最高占有率不足6%,大多数是分散的调味品品牌占领销售,具有一定规模的品牌远远大于某些大品牌,标准化餐饮带来的是定制、复合、便捷的消费,能够不断增加效益。

第五章　中国调味品精准销售

一、解析调味品精准销售

1. 深度解析调味品精准销售

营销时代需要精准营销手段深度分析以便消费。

(1)调味品品质的提升速度远远大于价格的增长速度,这对于调味品消费是有利的。

(2)调味的需求是拉动式增长,而不是竞争性增长,精准营销潜力大。

(3)精准销售实现消费调味的价值载体,消费健康化需求一直上升,便于精准销售做好高品质消费和服务。

(4)消费调味品频率高,场景变化多,粘性强,精准销售可以实现更加周到的服务。

(5)精准销售调味品之后发现,调味品复购是由消费决定的,调味品实现超额收益的机会远远大于其他产品。

(6)调味品消费依赖性非常强,精准销售的特殊渠道可以实现高利润,叠加消费的空间可观。

(7)场景消费的红利结合精准销售,可以增值食材和调味结合的空间。

(8)精准销售可以实现调味品的消费稳定性,解决调味品经营的困惑,实现消费的转型升级。

2. 中国调味品精准销售解析

深度分析影响调味品销售的因素(图 5 - 1),根据这些因素引导消费者消费,强化调味的服务,实现重复消费,完成调味品精准销售。

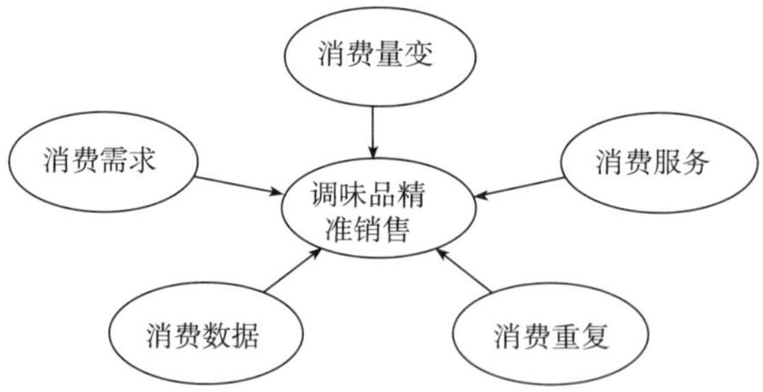

图 5 - 1　中国调味品精准销售解析图

3. 中国调味品精准销售的价值渗透

实现精准销售调味品的价值,渗透消费的需求,带来价值的增加,满足消费的热情。

(1)消费的变化顺势就是回归自然的调味,相关需求渗透消费,实现调味品的稳定发展。

(2)如果消费者没有自主采购的欲望,需要采用更加直接的品尝来渗透消费。

(3)全复合调味品不断占据主导地位,核心消费的价值得到体现,渗透消费得到执行。

(4)消费调味品体现在认可味道的忠诚度,建立稳定的消费与调味的和谐关系。

(5)电商的带动增加了调味品的渗透,实现了重复更多的消费。

(6)消费调味品的内容创新,带来更加优质的消费,促使人人参与。

(7)利用好大数据创新消费,满足消费者的动态需求,渗透发展调味相关产业。

4. 中国调味品精准销售价值转化

(1)调味品的产能不能过剩。消费者需求的高品质、健康调味品,而大多数调味品达不到这样的要求,出现消费需求过高而生产不足,主要是因为调味品生产粗放,没有很好实现消费价值的转化。

(2)充分利用消费需求的关系,做到调味品生产满足消费,来源于消费。

(3)大多数调味品企业利润薄是因为消费需求的调味品和传统生产调味品的矛盾没有得到解决,消费者需求的不再是数量,而是品质转化成的调味价值。

(4)经销调味品的内容发生变化,将经销商和生产商的责任和服务更加明晰,生产调味品和销售调味品更加融合发展。

(5)精准消费的引导,带来消费的认可,尤其是消费者参与调味品消费,对于调味品销售非常重要。

5. 中国调味品精准消费迷失方向的原因

(1)盲目跟风,经验主义,没有独立的消费带动调味品的思维。

(2)没有基础,盲目扩张,消费调味品的推广没有消费作为奠基。

(3)资金管理、利润管理不到位,消费带来的销售有限,没有实现消费的增加。

(4)过度营销,借势消费的能力欠缺,精细的消费服务没有做到。

(5)过分依赖传统营销方式,无法定位消费需求。

(6)没有形成调味品动态消费的体验。

(7)过度依赖人的判断,而不是消费的实际带动,没被挖掘出有价值的调味品。

6. 中国调味品精准销售推动产业快速成长

(1)调味品具有广泛性,不是单一使用,生产调味品的企业一定要具备这一条件才能实现效益的增长。

(2)与消费趋势对接,只有消费趋势对应才能获得增长。

(3)掌握消费需求的主要趋势,如健康、低盐等成为推动调味品增长的一个因素。

(4)调味品独特的调味价值,根据独特的消费价值衍生新消费调味生态圈,获得更多利润。

(5)消费调味品的规律,结合消费习惯,带来越来越多的调味消费,满足新消费的增长。

(6)注重调味产业链增长,掌控消费的变化。

(7)重复引导消费,提高消费者参与互动的频率,实现消费调味品的自主化。

(8)调味品动态消费引导,精准消费带动新消费群体,体验不断升级,助推调味品成长。

7. 中国调味品精准消费诞生亿元单品的条件

(1)打好调味品消费的基础,消费才是调味品的突破口。

(2)调味品品质稳定,特色明显,销售和需求供应链完善,这为调味品单品过亿提供了基础。

(3)驱动新消费的动向分析,解决人们的调味需求。

(4)突破调味品区域消费,样板市场带动。

(5)消费调味品精细化,扎扎实实把调味品消费做到极致,培养调味品消费商来带动调味品增量。

(6)善于利用新资源来传播调味品的价值,实现调味的共享。

(7)调味品动态消费,可以不断复制调味场景和需求,实现高信任度的消费调味。

(8)合理匹配调味品消费生态链,实现调味价值的不断复合。

(9)调味品销售的多通路、多角度、多渠道结合,以便爆发消费调味品增量。

8. 如何实现中国调味品精准销售

(1)实现调味品全国化、电商即时化、全渠道化、消费体验化,满足餐饮增长。

(2)抓住调味品的调味属性,将互联网和新消费结合,实现餐饮依赖调味品发展的融合趋势。

(3)全复合调味品促进餐饮消耗、引导餐饮标准化,带来功能化的精准服务,满足消费需求,推动整个调味品行业价格上移。

(4)精准销售调味品,降低消费的价格敏感性,实现消费新品的增长。

(5)高档化消费需求,精准销售调味品,实现稳健增长。

(6)调味品渗透消费,带来更加精准的服务,扩大定制消费,升级餐饮需求。

(7)新生代消费特点明显,从消费需求倒推生产调味品,实现新的精准销售。

(8)改变模仿时代,依据消费形成更多精准消费场景和订单。

(9)餐饮需求促使调味品营养差异化、功能小众化、生态有机化、绿色健康化,让调味品重复销售。

9. 中国调味品精准销售价值升级分化消费需求

(1)调味品企业根据消费做一定变化才能实现销售。

(2)普适性消费调味品分散消费需求,获得新消费的机会。

(3)细分调味的品类,满足消费粘性需求,升级需求价值。

(4)消费的健康意识带来新的消费能力,创新提升调味空间。

(5)牢固满足消费意识形态,稳定调味品的渗透消费能力,增加销售的价格空间。

二、中国调味品精准消费和精准销售

1. 中国调味品精准消费之道

消费是调味品精准销售的目的,而不是手段。

(1)把握调味的规律,服务好消费,超越消费需求的局限,满足消费需求的复制。

(2)新一代的消费崛起,实现消费的重复需求。

(3)挖掘新消费的需求,理性分析消费调味,尤其是隐藏的消费信息,透彻洞察消费的价值。

(4)完善经营体系,实现调味价值的传递。

(5)精准服务消费者,根据消费需求设计调味品的方向和路径,自然形成复购。

2. 中国调味品精准销售如何突破困境

消费带动的调味品发展,突破传统做法才能生存。

(1)消费调味的持续性是必然的,链式带动消费的需求,促使消费带动调味品的经营。

(2)依据消费需求实现黏性消费。

(3)了解调味品消费,扩展消费带动的调味服务系统。

(4)碎片化的消费机会驱动,拓展新消费走出困境。

(5)根据消费需求的分析,精确了解消费者的年龄、职业、生活方式,制定专业的消费服务路径。

(6)优化调味品的批发、配送、运营,合理分配服务和分享利益。

(7)掌控终端消费者,减少分级销售。

(8)拓展终端消费,优化服务,实现订单预制化。

(9)信息高度专一快速,实现厂商融合一体化,分工协作提高调味品复购率和有限资源的利用率,相互规划,相互指定制度流程,相互帮扶,相互配合,实现利益合理共享。

3. 中国调味品精准销售共享利益

调味品精准销售实现最大利益共享,带来源源不断的价值和利益分配。

(1)从消费调味品出发,更多价值融合,拓展调味品消费的普遍性。

(2)消费体验扩张,转化消费者带来多元化利益,消费者乐意成为消费商。

(3)生产企业、经销商、联营伙伴之间协作,共享受益,整体因为调味消费而赋能。

(4)共享调味品消费终端直控,共享利益分配、统一价值、统一模式。

(5)精细化消费调味品的服务能力带来共享价值,化解消费分化的弱点。

(6)利用优势,降低多方面的浪费,终端餐饮消费调味品和平台结合,增强盈利能力。

4. 中国调味品精准销售的品牌之道

调味品精准销售实现精准消费,带动品牌发展。

(1)引导消费是关键。

(2)饮食文化为基础,产生调味品消费的利益点,获得消费认可。

(3)从调味的存量需求过程中找到增量消费调味品的办法。

(4)从调味品刚需的特点找出品牌的价值,在调味品功能方面强化利益点。

(5)实现调味品独特性,成就品牌价值。

(6)通过调味建立与消费者良好的沟通,释放品牌价值的意义。

三、复合调味品精准销售新趋势

1. 复合调味精准消费特点

(1)精准销售调味品回归本性的复合新鲜调味。调味品的本能就是调味,更好地满足调味必须实现复合化,根据消费需求实现复合化,同时还需要保留调味的本身属性,这是市场需求的必然选择,也是调味品企业的出路。新鲜的调味品是我们的需求。新鲜调味让我们的生活有滋有味,越来越多的复合新鲜调味品让我们回归天然淳朴的风味。超高压杀菌等新技术给新鲜调味品带来新的出路,提高了本身附加值,也满足了人们对美好生活的向往。利用科学技术给新鲜调味带来新的革命,保证原汁原味的情况下,做到消费的最佳状态。低温冷藏的新技术也正在不断呈新,为新鲜的调味带来更多的可能。

(2)精准销售需求的原始传统味道。消费的记忆是中国味道的根本,是复合调味满足人们需求的必然选择,复合调味接近消费需求的程度越高,消费越认可。

(3)精准销售复合调味品需求的即食性。即食的复合调味才是回归的根本,做到即食即可满足越来越多的消费体验。即食性是消费不断升级的试金石,还调味品能否更好实现味道说话、品牌变强、企业壮大的检验砝码。

（4）复合调味融入千家万户。复合调味是我们生活高标准的保障，加速了信息的透明化、消费合理化。精准销售复合调味促成食品的快捷销售、消费、交易、反馈，这不同于原来的复合调味。精准销售复合调味将最大限度减少浪费，资源最大限度整合，实现消费为目的。

（5）精准销售复合调味品的档次高低是相对的，影响档次的因素有包装、定价以及消费的重复性，其中，消费的重复性是关键性因素。

（6）精准销售复合调味品具有叠加性。如发酵的辣椒等在没有食盐、味精、食品配料的前提下依然可以通过复合形成一些独具风格的调味食品。丹东的海鲜发酵、佳木斯的酸白菜、长白山的木耳、东北的大米等都可以实现复合调味升级，做成具有历史记忆的高品质产品。叠加当下成熟的复合调味产品，做到独到的创新吃法，是复合调味升级的好手段，改变调味的多样性，也更加容易满足人们吃好的需求。合理叠加是创造美好口感的妙法，也是复合调味的独特性。

（7）活调味品明消费的消费动态，"无体验不产品"观念越来越渗透的调味品的销售当中，消费是产品动态的体现方式，也是消费产品的最佳方式，也是复合调味食品必须会说话的原因。复合调味最有价值的是香辛料，对调味食品做到明消费可以促进复合调味和消费者互动的升级，是当下提高消费的新手段和措施，可以实现更好的消费。

（8）精准销售复合调味品的定制无限化，满足个性化的复合调味需求，连续每年的定制呈现快速、高效、增值的趋势。新的需求不再是雷同，所以需要的复合调味定制的方式无限多，定制的需求无限大，涉及的消费复合化无限广。

（9）精准销售调味品形成被动式复合调味，满足更多需求。

2. 全复合调味品精准销售实现消费增值

全复合调味餐饮店的消费强大，做到了统一的标准化美味，实现了超值的需求，全复合调味消费的价值一路高涨，创造了越来越多的奇迹。

（1）新鲜感。通过菜品的加工技术来实现菜品的调味新鲜，保证菜品新鲜的天然处理办法和措施，还原原汁原味的消费本质，达到人人看到都想购买的程度。新鲜不仅是看到的效果，还要让消费者吃到新鲜的味道，让消费者乐意选择。层出不穷的保鲜技术，给消费带来了新的商业价值，促进了消费的升级。

（2）美味体验。在销售环境下就可以享受到美味，实现餐饮的标准化和消费的透明化，促进消费。

（3）味道说话。调味食品本身就是活广告，如果食物好吃，人们自然会继续购买，味道会替消费者说话。例如，根据消费认可，制作红油的调味技术，采用菜籽油来实现辣椒的独特香味和口感的呈现，利用辣椒的特点，完成辣味的优势组合，在新鲜辣味的领域，利用新鲜辣椒加工新技术，实现辣味的升级。好味道带来了越来越多的消费。

（4）重复购买。重复消费是调味品实现商业价值的重要环节，也是调味价值不断延伸的重要特点。不是所有的调味品都具有重复消费的特点，重复消费才能导致重复购买，重复购买才能实现调味品持续发展，只有持续发展才是消费的最大潜力。重复购买的关键是如何创新吃法，如肉酱的使用、菜品的创新、菜品与水果的新搭配，都是为了符合消费的新需求。

（5）记忆带动。调味的根本是记忆，没有记忆的味道也就没有价值。记忆也是精准定位消费的选择，实现记忆就是消费者的最大享受。通过调味原料的创新使用、做法和技巧的创新，不断催生新的调味记忆,应对越来越多的需求。

(6)即时创新。调味的销售不再是过去的生搬硬套,而是根据消费的需求做到即时创新,带来消费的最大红利。在销售的现场操作美味的互动,以点带面,不断实现好吃、好玩、好享受的调味价值,这是未来调味的最大价值链延伸。调味的外延不断扩大,消费者认可不断升级,价值最大化不断超出消费者的期待。

(7)快速消费。日销售的菜品都会在当日销售完,消费也是在快速完成。真正的快销是消费者在两日内将购买的菜品吃完,然后进行重复购买,只需简单加工即可得到美味,消费的速度极快。

(8)节水新技术。对于食材的处理是一个大问题,用水的浪费一直是大多数生鲜产业的难题,通过先进的技术和定制化工艺,实现水资源重复使用,大大降低用水量,还为排污做出最大贡献,这也是大多数餐饮等行业都希望做到的。

3. 全复合调味品精准销售健康化

(1)把脉消费的必然趋势,面对消费的现实,紧跟调味品国际化发展趋势。消费的全球趋势尤其是中国消费升级给世界的消费作了充分的补充。

(2)全复合调味和消费的新变化,让消费得到实实在在的满足,只有满足老百姓高品质生活的调味才是消费的必然,才是民心所向。全复合调味为食品生产、加工、销售企业带来新的消费引导,给食品和农产品的未来发展指明了方向。在传统调味品不再适应消费需求的今天,消费的升级不再是口号,而是深层次的体验。结合消费热点和难点,根据消费需求促进新型食品的开发,同时传承传统食品工业的记忆。例如,国际化、规范化、数字化、集成化的麻辣调味品,除了满足消费的营养需求外,还体现了中国调味品的多元化。全复合调味品引领餐饮标准化增长,满足人们对美好生活需要的食品开发,群策群力找到餐饮消费的增长点。

(3)全复合调味的长远发展和资源的合理利用,增强了食品经济发展的内生动力和活力,培育了新的经济增长点。

(4)全复合调味品带动新食物资源发展,带动功能性食品的开发与创新,不断满足人们的健康需求。

(5)全复合调味的健康化从餐饮业的发展体现出来,养生餐厅必将成为人们健康的选择,不断催促着新食源的开发。越来越多的企业和个人选择投资健康需求。

(6)全复合调味品精准销售实现了消费重复、全球渗透、味道说话、价值叠加等,为人类产生更加富有的价值。

四、中国调味品精准销售趋势

精准消费是调味品营销的趋势,促进调味品新零售消费发展,涉及调味品新零售创业、新零售规划等方面,抢占消费先机,深度剖析调味品行业现状。精准消费具备消费引导、消费跟踪、消费带动调味品销售的作用,精准销售趋势是未来调味品销售、消费、服务的主要内容。

1. 中国调味品精准消费趋势

调味品精准消费主要是以定制化消费为主导,餐饮行业的多元化需求催生了新的消费,这成为新调味精准消费的必然趋势。

（1）良性竞争不断形成，共同发展的趋势明显，精准消费从满足调味来实现。

（2）创建消费调味品赛道，增强抗风险能力。

（3）调味品本身的溢价空间足够，调味作用足够大。

（4）精准销售避免了无效的终端促销、推广、浪费。

（5）消费的种类繁多，商超又不断下滑，需要精准销售调味品来从每个渠道吸引特定的消费群体。

（6）精准销售调味品能够提供更多更全的服务。

（7）精准地掌控调味品消费，巩固调味品消费的地位，强大调味品消费的内容，使其不至于被消费淘汰。

2. 精准销售调味品聚焦消费趋势

精准销售调味品聚焦消费让餐饮店管理更加科学、健康、透明，成本更低，并且直接融入外卖平台参与餐饮调味合作。

（1）聚焦消费的品质复兴，满足人们美好生活向往，精准消费调味品势在必行，振兴调味品新时代。

（2）调味品消费赋能，给调味品带来精准消费群体服务，种类在消费商的带动下形成新需求，新的宣传销售方式如直播、短视频，使消费红利爆增。

（3）精准销售调味品聚焦消费，共享美好调味生活，实现消费的成果共赢，智造新调味的全产业链价值。

（4）传递调味价值的时尚，实现调味品复购致胜，化解消费的难点

（5）从消费者的需求出发，把消费者的需要转化成实实在在的调味品，满足持续增加的新鲜需求。

3. 中国调味品精准销售解决终端销售的困难

终端调味品销售主要存在的难题如图 5 – 2。难表现为引流难，客户进店少，客户没有直接得到消费机会。弱表现为销售转化慢，成交弱，尤其一些展会上的交流成交弱。低表现为利润低，按照传统工作方式经营，成本偏高，一些地区的调味品经销商存在的主要难题就是运作成本极高。差表现为业绩差，调味品行业竞争大，没有自己的特点和优势就无法获得更多的机会。这是大多数调味品企业存在的问题。精准重复消费调味品能够有效解决终端销售困难，通过分级消费群体，获得有效数据，转化成为调味品的精准销售。

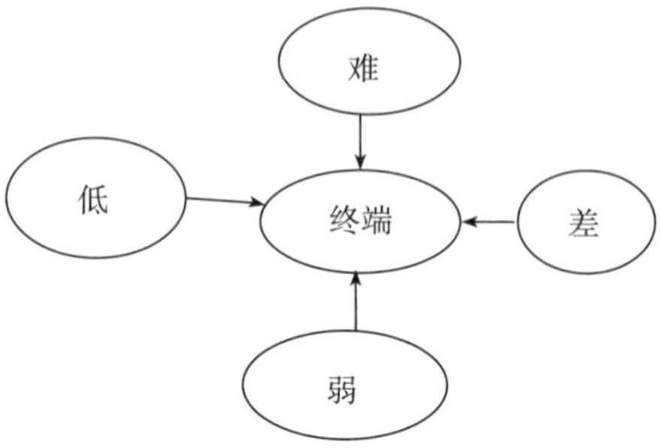

图 5 – 2　中国调味品终端销售困难

4. 中国调味品精准销售的涨价办法

中国调味品企业的成本一直在增长,而调味品整体价格增长有限,这个难题需要深度化解。

(1)通过抖音等新手段促使消费的重新定位,为涨价奠定基础。

(2)根据调味品做成菜品的频率,实现消费引导的涨价。

(3)多角度定位消费的菜品,从宏观上增设消费的新渠道,增加消费的兴趣,实现涨价。

(4)将调味品的成本驱动转化成为消费体验的带动,提价带来消费的变化,实现隐形涨价。

(5)提高消费服务,降低价格敏感度,发挥消费的空间让利,提高调味品的毛利率和净利润水平。

(6)消费下沉,服务升级,拓展消费来满足原来企业不能满足的消费需求,做到先款后货,分阶段执行涨价。

(7)在经销商以外开展消费服务,弥补经销商做不到的部分,改变调味品传统消费疲软的状态,以新产品引导整体涨价。

(8)持续增加的服务,产生额外的利润,增加隐形的机会,涨价自然成形。

5. 中国调味品精准销售的传统消费需求

(1)新信息时代的地球村,催生传统调味高速发展,精准需求全复合化的调味品。

(2)传统调味种类创新,个性化消费出现,促使连锁的水平和消费需求得到满足。

(3)传统的鲜味升级,天然鲜成为必然需求,味精和鸡精乃至粉状调味料的销售下滑,健康鲜味强势。

(4)全复合调味需求增多,全复合调味品品种增加,破解潜在消费,实现巨大的利润空间。

(5)分子级调味技术、缓释释放风味技术、传统烹饪调味技术等不断满足消费的风味和滋味需求。

(6)消费的传统需要得到快速满足,智能化管理简化流程,提高效率,生产技术突破提高品质和安全性,精准消费来满足传统升级的持续发展。

6. 中国调味品精准销售赋能

(1)调味品资源赋能,将相关产业的食材、餐饮和调味品结合,形成新的引流消费的局面,实现引流赋能。锁定重复消费和重复采购的消费,通过锁客全面升级消费调味品的转化率,提高调味品的复购率。通过微信、抖音等将消费调味品群体化,将消费和调味品完美结合,打通线上和线下的消费,现实和虚拟结合,门店体验通过线上带来会飞的翅膀,裂变消费数量,爆增消费的现实需求(图5-3)。

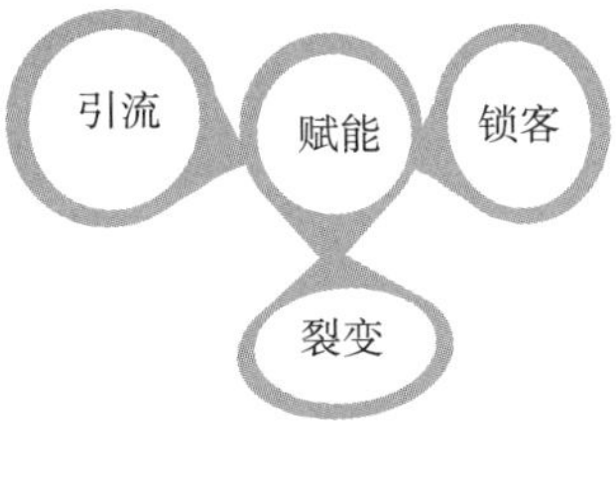

图5-3　中国调味品精准销售赋能

（2）调味品帮扶赋能，强势来袭的数字消费调味品，实现了没有难销售的调味品，只有没有满足消费需求的调味品。

（3）中国拉面经济创新模式赋能，消费精准性提高，需求量增长转变成为品质增长，也就是消费吃好的增长。精准调味满足消费的升级，天然鲜味调味的需求成为亮点，实现了调味的突破，弥补了单一调味的不足，形成复合生态调味的趋势，消费升级的原生态带来高品质、合理定位、互动分享的调味时代，突破了过去保守的消费引导模式（图 5－4）。

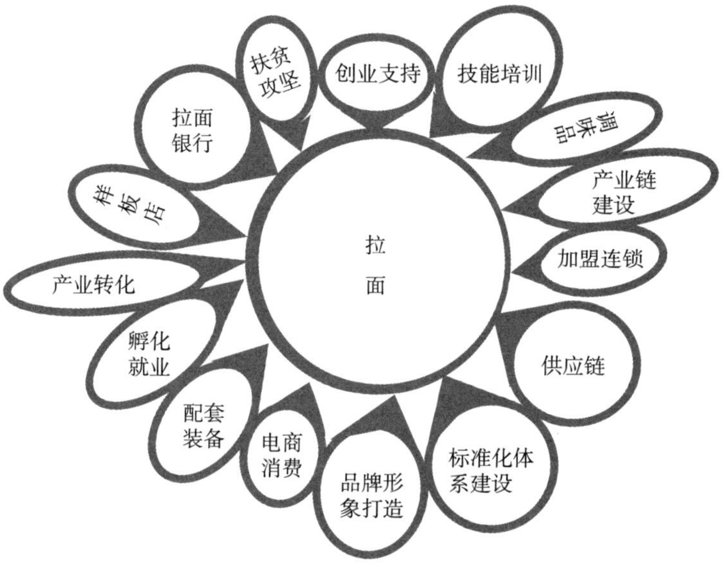

图 5－4　中国拉面经济创新模式

7. 中国调味品精准销售的优势

（1）管理成本低，厨房透明化，消费直接化。

（2）创业成本低，转化调味价值高，带动消费比较明显。

（3）店面装修容易，避免大店装修的麻烦，容易应对消费变化实现更高效益。

（4）利润率高，操作简单，容易形成竞争力。

（5）便于连锁，全消费链易形成，消费需求可控性高，投资回报快，解决消费需求的实际问题。

（6）复制比较容易，聚焦消费，结合外卖增加收益，更加理性化消费。

（7）单品创新容易实现，直接使用全复合调味品创新，不在于店面小，而在于消费认可。

（8）创业培训带动，容易实现特定消费，容易实现体验消费、动态消费。

（9）标准化出餐速度快，利用微信、快手、抖音等体验消费升级，传播效率高。

（10）容易根据消费的不断升级做出调整，实现消费精准需求的爆发式增长。